孩子懂礼仪，走到哪里都受欢迎

彭清清 著

中国纺织出版社有限公司

内 容 提 要

古语有云："不学礼，无以立。"任何一个成长期的孩子，除了学习科学文化知识外，还要学习礼仪知识，凡事遵从礼仪，孩子的行为才能自信而得体，才能提高综合素养，成为受人欢迎的人。

本书立足于孩子的生活和学习中的方方面面，全面、系统地归纳、阐释了百余个孩子必须懂得的礼仪常识，有助于家长对孩子的行为进行全面系统的指导和教养，提高孩子在礼仪方面的修养，让孩子更受欢迎。

图书在版编目（CIP）数据

孩子懂礼仪，走到哪里都受欢迎 / 彭清清著. --北京：中国纺织出版社有限公司，2020.12
ISBN 978-7-5180-7275-0

Ⅰ.①孩… Ⅱ.①彭… Ⅲ.①礼仪—青少年教育—家庭教育 Ⅳ.①G782

中国版本图书馆CIP数据核字（2020）第054355号

责任编辑：赵晓红　　责任校对：江思飞　　责任印制：储志伟

中国纺织出版社有限公司出版发行
地址：北京市朝阳区百子湾东里A407号楼　邮政编码：100124
销售电话：010-67004422　传真：010-87155801
http://www.c-textilep.com
中国纺织出版社天猫旗舰店
官方微博http://weibo.com/2119887771
三河市延风印装有限公司印刷　各地新华书店经销
2020年12月第1版第1次印刷
开本：880×1230　1/32　印张：7
字数：126千字　定价：39.80元

古语有云："不学礼，无以立。"而这里的"礼"，就是礼仪。所谓礼仪，是在人际交往中，以一定的约定俗成的程序和方式来表现的律己敬人的过程，涉及穿着、交往、沟通、情商等内容。从个人修养的角度来看，礼仪可以说是一个人内在修养和素质的外衣，体现了一个人的精神面貌和学识、素质等。从交际的角度来看，礼仪可以说是人际交往中适用的一种艺术、一种交际方式或交际方法，是一种对人尊重和礼貌的约定俗成的表达方式。

在现代社会中，很多时候礼仪的重要性高过学问，高过能力。人们常说"你的礼仪价值百万"，就是这个道理。作为家长，我们都知道一个道理，我们的孩子总要离开学校，步入社会。试想，一个不懂礼仪的人，怎么可能获得他人的尊重？怎么可能担当重任？孩了不懂礼仪，只会处处"出丑"，甚至一个失礼的细节都可能毁掉他的大好前程，让他追悔莫及；反之，生活在现代社会，拥有良好的礼仪，无疑会让孩子增加诸多砝码。所以，对于孩子来说，学习礼仪是学习其他知识的基础。

实际上，一个孩子，只有懂礼仪，更显谦恭、明理、大方，因为礼仪是塑造形象的重要手段。在社会活动中，交谈讲究礼仪，可以变得文明；举止讲究礼仪，可以变得高雅；穿着讲究礼仪，可以变得大方；行为讲究礼仪，可以变得美好……只要讲究礼仪，事情都会做得恰到好处。总之，孩子讲究礼仪，就可以变得充满魅力。

然而，生活中，我们发现一些孩子身上还存在着某些不文明行为。例如，在校园内、操场上，总是有孩子随地扔垃圾；再如，在走廊上，有的孩子追逐打闹，走路推推搡搡；在教室墙壁上，他们随手涂鸦，还有的孩子讲脏话、粗话，甚至随意破坏校园公物，这一举一动，都是缺乏素养的表现。

“小而不为，老来何为？”作为孩子，除学习科学文化知识外，更重要的是学会做人。文明礼貌就是做人的前提。如果人人都讲文明，有礼貌，那我们的生活将变得更美好。

教育心理学家认为，对孩子的各种教育，最早启蒙于家庭，因此，让孩子掌握一些礼仪知识，是他们立身处世的基本要求，也是畅行社会的基本能力。

当然，我们对孩子的礼仪教育，要从细节着手，而本书正是培养孩子礼仪的指导用书，总结了孩子们在生活中遇到的一些礼仪细节，内容涉及仪表礼仪、个人礼仪、家庭礼仪、交谈礼仪、用餐礼仪、电话礼仪、接待礼仪、拜访礼仪、馈赠礼仪、校园礼仪和公共礼仪等各个方面，从而帮助家长教导孩子掌握这些行为规范，提高孩子的礼仪修养，帮助他们调节人际关系，成为一个有涵养、有素质、有礼貌的好孩子！

作者

2019年10月

目 录

C o n t e n t s

第 01 章

“有礼”走天下——孩子的礼仪教育越早越好

我们中国素来是礼仪之邦，礼仪是一个人修身养性、持家立业、治国平天下的基础。同样，一个孩子的教养高低，是父母家庭教育成功与否的集中体现。俗话说，穷养富养，不如好教养。“三岁看大，七岁看老”，家庭对儿童的礼仪教育越早越好，这有助于促进孩子社会化的进程，对孩子的人生发展产生积极影响。

告诉孩子，尊重是对待他人的基本礼仪

现代社会，我们所说的精神文明建设中，文明礼仪是重要内容，是社会文明程度的标尺，更是一个人文化素养的体现。在家庭教育中，对孩子从小进行文明礼仪培训，对其进行文明习惯的培养，具有特别重要的意义。

然而，在所有礼仪中，对他人尊重是最基本的需求，美国哲学家约翰·杜威说："人类本质里最深远的驱策力就是希望具有重要性。每一个人来到世界上都有被尊重、被关怀、被肯定的渴望，当你满足了他的要求后，他就会对你尊重的那一个方面焕发出巨大的热情，成为你的好朋友。"

事实上，尊重别人是每个人的人生中必备的精神品质，难怪有人说："尊重生命、尊重他人也就是尊重自己的生命，是生命进程中的伴随物，也是心理健康的一个条件"。

换句话说，我们只有教育孩子，让他们学会尊重别人，才有可能在与人交往中，建立良好的人际关系，并获得来自他人的尊重。

然而，我们发现，现代家庭中，由于父母礼仪教育的缺失，一些孩子总是以自我为中心，他们并不懂得尊重他人，更别说关心周围的人了，甚至有时候还发生不尊重他人的行为，

如给别人起外号、看到别人出丑就嘲笑，或者看到别人倒霉就幸灾乐祸。

虽然在孩子看来，这些行为比较好玩、只是看个热闹，他们并不知道自己的行为已经伤害了别人的自尊，如果父母此时不加引导，那么孩子就很可能没有是非分辨能力，不能纠正自己的种种行为，因而也就不会尊重别人。相反，家长只有及时引导和培养，才会让孩子的错误行为尽快消失。

一个人要想得到他人的尊敬，必须先学会尊重他人。家长要告诉孩子，自尊是自己争取的，而不是别人施舍的。家长要注意观察孩子，一旦发现孩子有任性、蛮横和无礼的行为，一定要及时纠正，但也要防止矫枉过正，注意在平时的生活中对孩子进行正确的引导和鼓励，具体来说，家长需要做到以下几点：

1.孩子也需要父母的尊重和信任

这就要求家长对孩子的感受表示理解和关心。每个人都有感情，而且有时会感到迷惑或痛苦。家长要努力理解孩子的感受，不要由此对他们形成什么判断或者试图改变他们，帮助孩子感受到自己被接受、被尊重，相信他们能够独立面对今后生活中的任何困难。

2.帮助孩子建立起同情别人的态度

生活中，当他人遭受不被尊重的事件时，家长可以引导孩子，告诉他，如果这种情况发生在自己身上，自己会有何感受？这样，孩子就会设身处地地体会到不受别人尊重的感受，从而学会尊重他人。

3.可以把尊重别人作为家庭价值观甚至是一种制度来让孩子从小履行

家庭价值观是指父母双方都遵从的，并且渗透到家庭日常生活中的价值观念，如尊重。家庭价值观对孩子有十分强大的影响力。但是如果将这些价值观强加给孩子，他会拒不接受，而只有家长持之以恒地言传身教，并且不断地鼓励孩子，他们才会接受。

那些懂得尊重别人的孩子往往是受了以下家庭价值观的影响：

（1）所有人都是有价值、有意义的个体，都值得尊重。

（2）尊重别人非常重要，关心别人，为别人作贡献，理解、接受和尊重来自不同家庭和背景的人。

（3）摩擦和冲突是不可避免的，但可以通过友好文明的方式加以解决。

4.让孩子体会不尊重人的后果

当发现孩子有不尊重他人的行为时，家长可以采取一定的措施，让他知道这样做的后果。

比如，将孩子已经放在购物车的零食重新放回超市货架，关掉他正在玩的游戏等。

不过，此时需要注意的是，千万不要当着别人的面指责孩

子的行为，否则就会变成你不尊重孩子了。

总之，教育无小事，作为家长，要教育孩子尊重别人的人才会受到尊重，尊重别人就是尊重自己。从每一件小事培养，抓住每一个细节，让我们做得更好！

对孩子的礼仪教育越早越好

中国人常说：“三岁看大，七岁看老。”一个孩子是否在幼年养成好的行为习惯，对其一生有着重要影响。因此，教育心理学家认为，孩子文明礼仪行为习惯的养成，离不开幼儿期的教育培养。

在教育孩子这一问题上，可能很多家长会认为，培养孩子的行为习惯，应该在孩子成长到一定阶段才开始，事实上，这种观点是错误的。一个人，随着年龄的增长，他对周围的环境会越来越适应，身体机能也随着发生了相应变化，内在能力会逐渐消失。因此，专家建议，早期教育很重要，最好从孩子0岁就开始。

然而，我们发现，现代社会中，幼儿文明礼仪行为习惯缺失的问题相当严重。

生活中，我们经常会遇到这样的场景：家中来了很多客人，父母要招待客人，让孩子去一边自己玩，但孩子好像“人来疯”，不但不离开，反而在沙发上上蹿下跳，还时不时地将客人推来让去，将客人的茶杯打翻；饭桌上，一家人围坐在一起吃饭，小孙子把筷子伸到奶奶面前的盘子里翻来翻去……在这些孩子身上，你能看到现代社会所需要的文明礼仪吗？

当然，也有一些注重儿童早期礼仪教育的父母，在生活中，他们对孩子进行言传身教，让孩子懂规矩，有教养。有位妈妈这样谈到自己五岁的儿子：

“上周五，我下班后，接上儿子，我们一起参加同事聚会。当时菜已经端上桌了，不过有两个同事因为路上堵车而迟到了，大家都说再等等。儿子有些饿了，跟我说他想吃东西，我告诉他，小孩子要有礼貌，要等那两位阿姨来了才能一起吃。小家伙点点头说：‘哦，知道了妈妈。’对于儿子的这种表现，我很欣慰。

“还有一次，我带儿子去参加公司的颁奖典礼，我叮嘱他不要在会场跑来跑去，也不要大声喧哗。当我走上领奖台发言的时候，我朝底下看了看，看到儿子在笔记本上用笔不停地画着什么，仿佛根本没有听见周围的掌声。也就是从那天开始，我发现儿子处事不惊，超出我的想象。”

对于案例中的第一种情况，相信不少父母会这样做：其实孩子是最会察言观色的，如果此时父母生怕自己的孩子饿着，接下来的画面就是“宾客尚未到齐，所有菜碟已被挑选一遍”，这样的情景不占少数。而对于第二种情况，相信不少孩

子要么在会场钻来钻去，要么大声喧哗，这些都是缺乏礼仪的表现。

可见，孩子的礼仪教育要趁早。如果你是细心的父母，会发现其实三岁的孩子懂的事儿和会做的事儿多得超乎预料。只是，很多时候，父母在潜意识里以孩子尚小为由拒绝了发掘和教育。

具体来说，家长需要注意以下几点：

1.从小抓起

包括两个方面的含义。一方面要从小时候抓起，孩子的习惯都是从小养成的，所以当孩子开始懂事时就要注重礼仪培养；另一方面要从小事抓起，将礼仪教育贯穿于日常生活中的每一个细节。

2.言传

通过言语方式告诉孩子一些关于礼仪方面的礼节和仪式。例如，在什么场合的言谈举止应当注意哪些问题、应当做到哪些方面以及不应当出现哪些言行等。

3.身教

家长是孩子最好的老师，孩子都是聪明的，他们在很小的时候就已经学会模仿家长的行为，所以，要达到对孩子进行礼仪教育的目的，家长首先要懂礼仪，平时能以身作则，为孩子树立一个好榜样。

例如，当带孩子乘坐公交车时，家长应当主动将自己的座位让给老人、孕妇或身患疾病的人；当给他人造成困扰或损害时，应当主动向对方赔礼道歉。再如，去车站买票、去商场购物付款时，应当主动、自觉地排队；去银行存取款时，应当主动在一米警戒线外排队等候。

英国著名教育家、哲学家洛克认为：“一切知识起源于经验。”法国大教育家卢梭更是明确地告诫我们：“在达到有理智的年龄以前，孩子不能接受观念，而只能接受形象。”因此，在幼儿文明礼仪行为习惯的培养中，我们要改变过去那种反复告知，不断提醒的做法，注重积累孩子的感性经验，丰富孩子的精神世界，让文明礼仪通过活动浸透到孩子的骨子。

总之，文明礼仪行为习惯应在孩子的生活中，通过各种适宜的形式内化为孩子的一种意识，一种生活方式，最终成为孩子的生活习惯。这种习惯一旦形成，孩子将受益一生。

培养孩子讲诚信的良好品质

众所周知，守信是中华民族的优良品德，更是做人的前提。守信，会使人对你产生敬意，也因之使人愿意公平地与你合作。一个言而无信的人，是没有人愿意和他合作的。因此，家长在培养孩子礼仪时，要把诚信作为培养的第一要务，并且

贯穿到孩子的学习和生活中，只有历练出一个“言必行，行必果”的人，你才能以迷人的性格形成一种人格魅力。我们来看看下面这个故事：

宋庆龄的父亲叫宋耀如，母亲叫倪桂珍。

一个星期天，宋耀如准备带着全家去朋友家做客。早上，大家都收拾好准备出门了，而宋庆龄还在钢琴前弹奏。

母亲在门口说：“快点啊，孩子，大家都等着呢！”

听到母亲的喊声，宋庆龄正准备起身出门，突然止住脚步。

看到女儿不出门，宋耀如疑惑地问：“怎么了？”

“今天我不能去伯伯家了！”庆龄有些着急地说。

“为什么不能去，孩子？”母亲望着女儿说。

“妈妈，爸爸，昨天我答应小珍了，她今天要来我家，我教他叠花。”宋庆龄说。

听了女儿的回答，宋耀如笑了笑说：“我原以为有什么非常重要的事情呢！这好办，以后再教她吧！”父亲说完，便拉着宋庆龄的手就走。

“那怎么行呢！小珍来了扑空了会失望！”宋庆龄边说边把手从父亲的大手里抽回来。

“那也没事啊，等你做客回来，去小珍家解释下不就行了吗？”母亲说。

“不！妈妈，上次您说做人要‘一言既出，驷马难追’呢，我答应了别人的事，怎么能随意更改呢？”宋庆龄有些着急地说道。

母亲望着女儿斩钉截铁的样子，笑着说：“我明白了，我们的罗莎蒙黛是一个守信用的孩子，不能自食其言是吗？那么，好吧，那就让我们的罗莎蒙黛留下吧！”

随后，宋耀如带着家人去做客了，只是吃过午饭后，他们就回家了，因为父亲担心一个人在家的宋庆龄。一进门，宋耀如高声喊道：“亲爱的罗莎蒙黛，你的朋友小珍呢？”

宋庆龄回答说：“小珍没有来，可能是她临时有什么急事吧！”

“没有来？那我的小罗莎蒙黛一个人在家该多寂寞呀！”母亲心疼地对女儿说。

“不，小珍没有来，虽然我一个人待了一上午，但是我还是很开心，因为我信守了诺言。”宋庆龄说。看到女儿这么重承诺，宋耀如夫妇满意地点了点头。

看完这个故事，我们不得不承认，宋庆龄是中华儿女敬佩的女性，小时候的她就是个信守诺言的人。

在中国伦理的范畴中，诚，本义为诚实不欺，真实无妄，它包含着对己、对人都要忠诚的双重内涵。诚信作为中华民族几千年积淀下来的传统美德，历来为人们所崇尚。而通常我们认为影响孩子诚信品质发展的因素主要有家庭、学校和社会三个方面。其中影响最大、持续时间最长的当数家庭教育。可见，如何培养出一个诚信的孩子，是值得家长们共同探讨的

问题。

那么，作为父母，我们该怎样教育孩子诚实守信呢？

1.父母为孩子做出遵守诺言的榜样

无论做出什么许诺，都要尽可能地实现，如果不能实现，一定要向孩子说明原因。告诫孩子不要轻许诺言，一旦许诺，就必须遵守。

2.告诉孩子，凡事诚实，不要敷衍任何人

要做一个诚实的人，因为只有诚实才能看清自己的未来，触摸到幸福的温馨。生活中，我们要告诉孩子，无论是对待老师，还是同学甚至是家长，都要做到诚实面对，凡事做到问心无愧，做一个正直的人。

3.告诉孩子一诺千金，不要为了面子轻易允诺他人

真诚是力量的一种象征，它显示着一个人的高度自重和内心的安全感与尊严感。而孩子也爱面子，很可能因为担心丢面子而答应别人自己办不到的事。对此，家长平时要告诉孩子不要轻易允诺别人，一旦允诺，就要尽力做到！的确是非人力之所能为的，就一定要放下面子，及时诚恳地向对方说明实际情况，请求谅解。

总之，作为父母，在孩子还小时，不但要督促他们快速积累知识和财富，同时也要注重对孩子的德行和修养培养，其中就包括诚信。诚信是人生最大的美德，它像一根小小的火柴，燃亮一片星空；像一片小小的绿叶，倾倒一个季节；像一朵小

小的浪花，飞溅整个海洋。

孝敬父母是中华民族的传统美德

古人说“百善孝为先。”一个对自己的长辈都不尊敬、不善待的人，会是有爱心的人吗？让孩子从小养成好的品质，将“民德归厚”的基础打好，就不能忽视对孝心的培养。这在如今“4+2+1”模式的家庭里，尤其重要。我们可以说，在培养孩子各种礼仪中，孝敬父母是首位。

然而，在家庭生活中，我们还可以看到这样的情景：吃过饭后，孩子扭头看电视或出去玩，父母却在忙碌地收拾碗筷；家里有好吃的，父母总是先让孩子品尝，孩子却很少请父母先吃；孩子一旦生病，父母便忙前忙后，百般关照，而父母身体不适，孩子却很少问候。还有这样的情况：尽管每一位为人父母者都希望自己的孩子将来长大能够有孝心，尽管大家都知道孝敬父母长辈是中华民族的传统美德，然而在教育孩子时，又往往忽略这方面的内容。据调查，许多父母在对孩子孝敬长辈方面的要求是很低的。孩子上学离家时能说“爸爸妈妈，我走了，再见”，放学回家见到父母能说“爸爸妈妈好，我回来了”就相当满意了。如果孩子在拿到好吃的东西时，举手让一让爷爷奶奶、爸爸妈妈，长辈们则觉得孩子非常乖。这是把孝

心降低到一般文明礼貌来看待了，凡此种种，值得忧虑。

孝敬父母是中华民族的传统美德，也是各种品德形成的前提。试想，一个人连父母都不爱、不敬、不孝，怎么会爱朋友、爱同学、爱老师，成为一个人格健全的人呢？

因此，家长要从家庭美德入手，重视孩子的孝心教育，具体来说，家长应该这样引导孩子：

1.言传重于身教，父母为孩子做好孝敬长辈的楷模

有这样一则公益广告：

有位年轻的妈妈，忙了一天回到家，做完家务，给老人端来一盆热水，老人对年轻妈妈说："孩子，歇会儿吧！别累坏了身子。"

她笑笑说："妈，不累。"

这一幕被三岁的儿子看到了，儿子一声不响地端来一盆热水。年幼的儿子吃力地端着那盆水，跌跌撞撞地向妈妈走来。

盆里的水溅了出来，孩子的身上、地上都是水，可是他笑得很开心，然后把水盆放到妈妈面前，为妈妈洗起了脚。

广告画面定格在这儿，广告语说："父母，是孩子最好的老师"。

的确，孝心就是这样学会的，就是这样传递的，父母是孩子最好的老师，孝心就是在父母的榜样下养成的。因此，要想培养孩子的一颗孝心、懂得爱，父母首先要以身作则，要做孝敬长辈的楷模，因为"身教重于言教"。

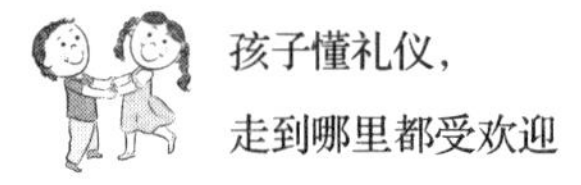

2.根据孩子年龄的递进，逐步让孩子了解父母，培养孩子对父母的孝心

随着孩子身心的日趋成熟，培养目标的范围应不断扩大，培养目标的内容应逐渐增多。这种变化应体现出由浅入深、层层递进的特点。下面，我们就给家长们介绍一下每个年龄段孩子可以达到的主要目标。

（1）孩子3～4岁时，知道爸爸妈妈的名字、年龄、工作，知道爸爸妈妈和自己的关系；意识到爸爸妈妈工作很辛苦；对爸爸妈妈有礼貌，听爸爸妈妈的话，不对爸爸妈妈发脾气；能向爸爸妈妈表示问候、感谢；自己的事情能自己做。

（2）孩子4～5岁时，知道爸爸妈妈做了什么家务；知道不去打扰忙碌中的爸爸妈妈，理解父母的一些情绪表现；能说一些让爸爸妈妈高兴的话；能将自己认为好吃的东西拿给父母吃；礼貌待客。

（3）孩子5～6岁时，知道爸爸妈妈的职业与对社会的贡献；在爸爸妈妈生病时，能给予关心；能预知爸爸妈妈的一些情绪反应；能做一些让爸爸妈妈感到高兴的事情；乐于承担力所能及的家务劳动；能帮助爸爸妈妈招待客人；能制作节日小礼物送给爸爸妈妈；对爸爸妈妈有信任感和自豪感；学会关爱父母的活动。

3.多表扬、鼓励孩子的孝心行为

孩子表现出对爷爷奶奶等其他长辈的孝敬，要愉快接受，

并且及时加以表扬，最好逢人就夸。

4.父母应该建立一个良好的家庭秩序——长幼有序

父母应事先确定一些准则，作为父母，不能轻视家中的老人。而孩子的什么行为可以接受，什么行为不能接受，一定要坚持原则，毫不含糊。当孩子对他所知道的界限，以一种傲慢的态度肆无忌惮地挑衅时，要让他知道这样做的后果。不能让孩子当面取笑父母，藐视父母的权威，甚至把父母当成出气筒而不受惩罚。当然，家长批评孩子的错误行为时，不要夸张，要就事论事，不要贴标签、戴帽子，言简意赅。不要喋喋不休，让孩子厌烦。

5.孝心是做出来的，不是光在嘴上说的

做父母的，一定要身体力行，孩子才能效仿。那种“只爱自己的妈妈，不爱丈夫的妈妈”的现象，在年轻妈妈中相当普遍。很多年轻女性在婆婆面前，不称呼“妈妈”，在婆婆背后，称孩子的奶奶为“老东西”，这对孩子造成的影响是极为不利的。

作为父母，我们要知道，孩子就像一张白纸，如何把这张纸描绘成色彩斑斓的蓝图，就需要父母的教育。培养孩子的孝心，家长必须身体力行，让孩子去体会、去感受！

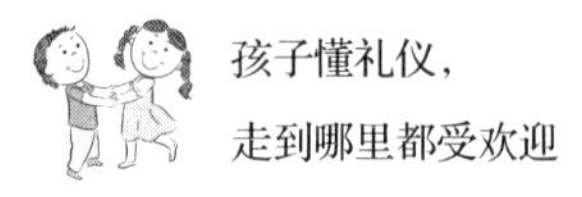

学会宽容，性格豁达的孩子更快乐

在人际交往中，我们发现，那些心胸宽广的孩子更受欢迎，他们能够处理好各种人际关系，能够很快地适应各种不同的环境，能够融洽地与人合作，充分发挥自己的潜能，而且，这样的孩子人见人爱。因此，家长在对孩子进行礼仪培养前，先要培养孩子豁达宽容的性格。

实际上，我国古代许多伟人都很重视宽容的品质。例如，孔子曾说，一个真正的人要有宽容、恭敬、诚信、灵敏、慷慨五德，他把宽容放在五德之首。先哲庄子说，圣人应有包容天地，遍及天下的宽阔胸怀。民族英雄林则徐指出，“海纳百川，有容乃大”。一个人善于宽容，他的人格才会像海一样伟大。今天的社会更具组织性和开放性，孩子更需要具有宽容的品质，宽容是孩子与人交往、合作的“润滑剂”。

可以说，由于家庭教育中孩子品质教育的缺失，很多孩子并没有将宽容这一美好的品质传承下来。

辉辉是个很听话的孩子，但就是爱告状，一点小事就去找老师，如“老师，朋朋欺负我，他刚才把我撞倒了”“老师，巧巧把水彩墨水洒到我的书上了，我的书都没法看了”等。

一天，同学们正在玩游戏，忽然，丁丁不小心踩了他一脚。看到刚买的白球鞋上有了一个大大的黑脚印，辉辉生气地跑到丁丁的身旁，狠狠地回踩了他一脚。当老师质问辉辉为什

么要这样做时，他却理直气壮地告诉老师：“我妈妈说了，不能受别人的欺负，别人打我，我就要打别人。丁丁踩了我，我当然也要踩他。”

现代社会，随着社会的不断发展，社会价值取向出现了多元化趋势，人们也逐渐追求自己的个性，但在家庭教育中，我们依然要将心胸宽广放在对孩子教育的首位。从案例中，我们可以发现，孩子总是在无形中接纳父母的一言一行的心理暗示和影响，宽容的品质也需要父母的细心教导。宽容心对于孩子个性品质的发展，以及良好人际关系的建立，都有着非常重要的意义。富有宽容心的孩子往往心地善良，性情温和，惹人喜爱，受人拥护；而缺乏宽容心的孩子，往往性情怪诞，易走极端，不易与人亲近。

因此，父母要教孩子学会宽容，培养孩子宽广的胸襟，具体应该做到以下几点：

1.父母要心胸宽广、以身示教

教育家马卡连柯曾指出，“父母在开始教育自己的子女之前，首先应当检点自身行为”。父母让孩子学会宽容，首先自己应有宽容的品质。如果父母本身心胸狭窄，无视他人的意见，习惯于将自己的意志强加于人，不给人改错的机会，为一点小事争执不休，为一点小利而斤斤计较，孩子又怎能学会宽容呢？

父母宽容、大度、遇事不斤斤计较，与邻里、同事融洽相处，孩子就会学着父母的样子处理自己与同学之间的关系，也会变得宽容、和善。

2.让孩子明白“人无完人”

父母应该让孩子明白：“金无足赤，人无完人”，每个人身上都会有缺点。和同学、朋友相处，完全没有必要求全责备，应该学会求同存异。对于朋友的缺点和不足，对于同学心情不好时所说的话和所做的事，没有必要斤斤计较，要求事事都公平合理。多给人一分宽容和理解，同时也为自己带来一个好心境，使自己的个性更加完善。

3.培养孩子善待他人的意识

孩子一旦学会善待他人，就学会了宽容别人，因为孩子已经有了一颗友善、宽容的心。那么，自然而然孩子也就会在日常生活中宽容他人了。

父母应该让孩子明白，他人是自己的影子，善待他人，也就是善待自己。对他人多一分理解和宽容，其实就是支持和帮助自己。

4.用故事教育孩子学会宽容

故事是教育孩子的重要手段，国内外有许多体现宽容品质的小故事，父母可以借此教育孩子。通过故事还能够教会孩子站在别人的立场、角度考虑问题，有利于孩子理解别人的想法与行为，让孩子对别人的痛苦感同身受，激起孩子的宽容、善良之心。

5.眼界宽的人，胸怀也会宽广

父母不妨经常利用各种节假日，带孩子游览祖国的大好河山。在这一次次的游览中，孩子就能增长知识，开阔眼界，也便拥有了宽广的胸怀，就会很少因为日常小事无谓地烦恼了。

古人云，人非圣贤，孰能无过。父母要教育孩子学会宽容，和气待人，这样才能团结同学，营造一个愉快的生活和学习氛围。孩子拥有这样的品质，便会人见人爱！

节约也是一种礼仪

作为父母，我们都知道，勤俭节约是中华民族的传统美德，而其实，节约更是一种礼仪，行为有所节制的人更受欢迎，相反，在吃穿用度上肆意挥霍，是一种失礼的行为。

然而，时至今日，人们似乎早已忘了节约这个美德，父母的有求必应已经让很多孩子养成了花钱无节制的习惯。很多孩子不懂得节俭，乱花钱、随便浪费的现象相当严重。

曾经有报道，在一所幼儿园的教室内，堆满了杂物，都是孩子们的玩具、衣服、学习用具等，学校叫孩子的家长来认领，几次催促，说再不来认领就扔了，结果，也只有几个家长带着孩子领回了东西。这一情况在教育界引起很大反省，我们的孩子为什么会出现挥霍行为？

其实，孩子不知节俭，家长有不可推卸的责任。

生活中，家长出于疼爱“独苗苗”，迁就孩子花钱自不必说，就连家长自身也往往产生非合理消费的心理——攀比、从众、赶时髦、喜新厌旧等。时代变了，人们的消费观念确实应该改变。随着经济收入的增加，人们吃饭更讲究营养，穿得更美自然无可非议，而且应该提倡；但盲目花钱、随便浪费则是不良品质的反映。那么，家长到底应该怎样引导孩子懂得节俭呢？为了培养孩子节俭的品质，家长不妨从以下几个方面入手：

1.教育孩子正确认识钱

要让孩子从小懂得钱是什么，钱是怎么来的，怎样正确地对待钱财，不义之财绝不可取。当孩子年龄还小时，要从观念上教导，并联系实际生活给孩子讲解，多引用一些事例。年龄大的孩子，可以跟他专门讨论钱的问题。

2.让孩子清楚了解金钱得来不易

父母应该在假日帮孩子找寻参加劳动服务的机会。比如，让孩子在假日帮忙做家事，付给他一些酬劳。其目的是让孩子明白金钱来之不易，它是经过艰辛的汗水换来的，从而培养孩子自力更生、勤劳的好习惯，并进一步激发孩子刻苦学习、积极的进取心和责任感，懂得立足社会的艰辛，从小立下创业的志向和决心。

3.培养孩子"勤俭节约很光荣，铺张浪费真可耻"的价值观

家长在家里不能娇惯孩子，对孩子的要求不能盲目答应，合理的给予满足，不合理的，一定不能迁就。不该浪费的，小到一张纸、一滴水也不能浪费。要跟孩子讲道理，不要孩子一闹，大人就妥协，同时多跟孩子讲些勤俭节约的故事来激励他。

4.引导孩子有计划、明智地消费

俗话说："不当家，不知道柴米贵。"父母要多让孩子深入生活、了解生活、体验生活，从而学会珍惜生活，珍惜付出后得来的成果，这一点对他们的成长有深远的影响。

5.让孩子体验"苦日子"

人们常说"有钱难买幼时贫"。在吃的穿的方面要节俭，这并不是让孩子过真正的苦日子，而是让他过大众化的生活，让他人对孩子的感觉和平常人一样。

6.教孩子学会花钱

孩子的消费行为应该在家长的监督下进行，孩子的消费行为是由被动逐步走向主动的。当孩子还小时，家长就应该让他学会做家里的"小帮手"，妈妈可以教孩子买东西，如何用钱、如何选择物有所值的物品，要让孩子学会先认真思考再花钱，而且逐渐养成习惯，避免盲目消费。

7.教孩子学会积累

我们发现，很多孩子都有储蓄罐这个玩具，家长应该鼓励孩子设立“私人小金库”，将孩子手里的零用钱、压岁钱都存起来，在存钱、用钱的过程中，培养孩子节俭的好品质。

8.教育孩子懂得量入为出

要让孩子明白，花钱必须有经济来源。每个家庭的经济情况不同，花钱要看支付能力。即使家里很有钱，也不能满足孩子的任意要求。

9.教育孩子珍惜物品，不浪费

让孩子懂得所吃、所穿、所用来之不易，都是父母用汗水和心血创造出来的，随意浪费是不珍惜劳动果实、不尊重劳动的表现。让孩子经常参加劳动，体会劳动的艰辛。

10.家长应该以身作则，树立正确的消费观

我们不难发现，孩子是具有积累意识的，但又是感性的，他们的很多消费习惯是从家长那里模仿来的。培养孩子节俭的品质，家长应先从自身做起。家长从认识到行为，都应给孩子树立榜样。

新的时代，应该建立科学的消费观念，以下三条是家长应遵守的重要的消费标准：

（1）是否高效益地使用金钱、财物，合理消费，用所当用。

（2）是否有利于孩子的发展——形成良好的品质素质、身

体素质、心理素质、文化素质。

（3）是否杜绝了奢侈浪费、享乐主义。

我们要时刻牢记这样一句古训：成由勤俭破由奢。节俭是中华民族的传统美德，更是一种被推崇的礼节，父母应该从小对孩子进行节俭教育。即使孩子生长在家境殷实的环境下，也应该让孩子明白节俭的重要。当然，节俭习惯的养成，是一个日积月累、循序渐进的过程，父母要把孩子培养成有志向、有出息的人，勤俭节约、艰苦朴素的教育是不可或缺的，这也是培养孩子良好行为习惯的一个重要部分，这将成为他一生的财富！

第 02 章

形象礼仪课——整洁的外貌是对他人的尊重

在中国，自古就有“不学礼，无以立”的说法。礼仪是人们在社会交往活动中的行为规范与准则，它是德育的一个重要组成部分，是道德修养的外在体现。而良好礼仪的标志就是得体的外在形象，我们要从小为孩子上形象礼仪课，让孩子拥有整洁的外貌，不但是保证孩子身体健康的必要条件，更有助于孩子成为一个有教养的人。

做一个人见人爱的香孩子

“为什么天天要洗澡，好烦啊！”“我又不脏，干吗要换衣服？”“我的手不脏，不洗不洗就不洗。”相信生活中不少家长都听过孩子说这样的话，对于我们成人来说，讲卫生、爱整洁是再正常不过的一件事，可对于很多孩子来说，简直是一场“灾难”！然而，作为父母，我们必须明白，只有衣着干净整洁的孩子，才是受人欢迎的，讲卫生的好习惯一旦养成，将会使孩子一生受益。

不得不说，生活中大部分疾病都与个人卫生习惯密切相关，也是现代礼仪的基础部分。孩子勤换衣服、勤洗头、洗澡，能够整理房间，饭前便后洗手，早晚刷牙，这些事情看似小，却直接影响着孩子的生活质量。同时，孩子养成良好的生活卫生习惯，也能促进社会卫生面貌、道德风尚的改进。

然而，引导孩子讲卫生、爱整洁，并不是一件容易的事，因为不讲卫生的孩子，总有一千个一万个理由在等着说服父母，好让他们从这等“苦差事”中解脱出来。那么，家长具体该如何做呢？

1.让孩子养成饭前便后洗手的好习惯

饭前洗手是一个重要的好习惯，俗话说：“饭前要洗手，

病菌不入口。”

对于年幼的孩子，除了睡觉的那几个小时外，手无时无刻不在摸摸这个、碰碰那个，有的孩子还玩泥巴，这样很容易沾染细菌、病毒和寄生虫，如果吃食物前不洗手，手上的病菌就容易随同食物一起被吃入腹内。

如果孩子身体素质较好、抵抗力强，病菌不会闹起来，但是一旦孩子着凉或者玩累了，这些病菌就会变得活跃而使孩子发病。因此，家长一定要培养孩子饭前洗手的好习惯。

另外，孩子在大小便后，家长也要叮嘱孩子洗手，这是预防疾病的重要措施之一。因为很多病菌是通过粪便传播的，尤其是肠道传染病，如痢疾、肠胃炎、肝炎，还有蛔虫、蛲虫病等。如果大便后孩子不洗手就吃饭或者玩玩具，很容易感染细菌。因此，家长一定要培养孩子大小便后用香皂洗手的好习惯。

2.让孩子保持身体及服装的整洁

良好的个人卫生形象，能够受到他人的尊重，也是对他人尊重的表现，更是礼仪教育的前提。

为此，妈妈在孩子年幼时，就要教会他定时洗脸、洗头、洗手、刷牙、洗澡、换衣、剪指甲，保持身体及服装的整洁。最终培养孩子不依赖妈妈，就能养成保持个人清洁的好习惯。

3.让孩子注意生活环境的保洁

家长要告诉孩子，不能随地吐痰、大小便，不能乱扔垃圾。孩子也是社会的一分子，也要注意公共卫生，这样才能赢得更多人的尊重。

孩子讲公共卫生，也是讲社会公德的表现。孩子作为社会未来的主人，家长一定要从小注意培养他讲公共卫生的好习惯。

4.保持家居环境的整洁

卫生、整洁的家居环境，是妈妈能为全家人提供的。孩子也要学会注意家中的各种卫生细节，使家里的地板、窗帘、床上用品、餐具、卫浴具等都保持清洁。

孩子讲卫生的好习惯，多半受父母影响，父母为孩子提供一个干净整洁的家居环境，就是在耳濡目染中培养孩子的卫生习惯。

5.制定规矩，形成习惯

家长平时教育孩子时，要为他们制定起居、饮食、游戏、学习和劳动中的规矩，逐步培养孩子的自理能力，

比如，按时洗头、洗澡，勤换衣服；经常修剪指甲；每天早晚要刷牙；早晨起床后将床铺整理好；穿、脱衣裤按照一定的次序，穿着要整洁大方，脱下的衣服要及时洗净，晾干的衣服要叠好并放在固定的地方；做完作业把书桌上的文具、书包收拾好；将玩过的玩具放到原来存放的地方等。

6.提高孩子对美的正确认识

爱美之心，人皆有之，我们的孩子也不例外。

其实，孩子在很小的时候就开始追求美了，只是因为年纪小而缺乏一定的审美能力，因此，小时候他们会模仿父母，对此，父母应以身作则，注意自身的言谈举止、服饰打扮，用健康、正确的审美观念去潜移默化地影响孩子。

另外，要注意孩子的服饰、仪表、言谈符合美的要求。孩子穿着应朴素、整洁，并符合其年龄与身份，不可穿奇装异服或过度时尚，衣服弄脏了要及时换洗，破了要缝补好。

父母是孩子形象的榜样

在中国的教育中，我们经常听到“言传身教”这一成语，表达的是父母在家庭教育中的榜样作用。的确，榜样的力量是无穷的，对于孩子来讲，这一点尤其重要。父母是孩子的第一任老师，更是一生的老师。父母的一言一行无时无刻不在影响着孩子，苏联教育家苏霍姆林斯基也指出，父母自身的行为对孩子有重大影响。不要以为只有你们同孩子谈话和教导孩子、吩咐孩子时才是在教育孩子。在你们生活的每一瞬间，甚至当你们不在家的时候，都是在教育孩子。其中就包括形象上的塑造，父母干净整洁，孩子自然不会邋遢；父母有良好的卫生习惯，孩子也会勤洗手；父母过分注重打扮，孩子也爱美等，因此，在对孩子的礼仪教育中，父母一定要注重自己的榜样作用，要用自身行动影响孩子，让孩子形成正确的审美观念。

具体来说，家长可以从以下一些方面着手：

1.为孩子营造干净整洁的家居氛围

这一点，前面我们已经分析过，孩子生活在这样的氛围中，更易被感染，形成良好的生活习惯。

2.父母的着装要干净整洁，不可浮夸，也不可奢侈浪费

一些富裕的家庭，父母自己穿名牌，也给孩子穿名牌，孩子非名牌不穿，非流行时尚的服饰不穿，这对于孩子审美观念的形成有极大阻碍。试问从小爱慕虚荣，过分注重穿着的孩子怎能以礼待人、谦恭有礼呢？

3.不要用太多规矩限制孩子的穿着，尽量让孩子穿他喜欢的衣服

我们说孩子要着装得体，并不是要限制孩子的穿着，孩子也应该在得体的前提下穿得自由。然而在现实生活中，我们发现，很多父母为了让孩子专心学习，他们在很多事情上限制孩子，其中就包括穿着。很多孩子一年四季的穿着，不是校服，就是运动服，一个在自己穿着上都没有主见的孩子很难在日后其他事情上有主见。可以说，这些孩子成了学业的牺牲品。

比如，父母带孩子外出玩耍时，在保证安全的前提下，可以让孩子自己决定穿什么衣服，切忌随自己喜好而不顾孩子的感受。

当然，这也要适合孩子的年龄和一定场合，不能任其发

展，否则，孩子容易形成骄纵、任性的坏习惯。成长期的孩子总的穿衣原则是，要符合一个学生的身份。随着年龄的增长和孩子自主意识的增强，父母可以适当放宽要求。

4.与孩子意见不同时要积极引导

当孩子在穿着上和家长有不同意见时，如果家长有顾虑，那就用“共同决定”的方法引导他

例如，你认为孩子穿得不适宜，不要说“不准”，告诉他“我们去找别人评理，如果王阿姨说这样穿可以，就这样，但如果说不好，就不穿”，孩子往往能接受第三方的意见。

5.告诉孩子，真正的美丽是心灵的充盈，而不是外表

妈妈带女儿坐公交车外出，一位衣着华丽的美女坐在“老幼专座”上，照着镜子，摆弄自己的发型。这时，一个老人上了车，美女装作没看见，继续弄她的头发，这时售票员开始提醒大家：“哪位乘客请给老人让个座？”这时坐在离门口比较远的一位女士站起来，搀扶着老人边走边说：“老人家，您坐这儿吧！”

下车后，妈妈问女儿：“你觉得那位照镜子的阿姨美吗？”“美！”“那她与那位给老人让座的阿姨相比，谁更美呢？”“照镜子的阿姨。”“孩子，人美不美并不是看外表，要看内心。那位给老人让座的阿姨才是最美的。”

这位妈妈的做法是正确的，孩子还小，不懂得什么是真正的美，需要父母的引导和教育。如果孩子在小时候就能把握

“真正美”的标准，那么，他长大后绝不会因为自己的外表而怨天尤人，而是把大部分心思用在提高自己的修养和美化自己的心灵方面。从另一个方面说，他也就不会过分注重自己的穿着打扮。

6.不要太多说教

如果孩子相信了你的说教，他可能失去判断力，没有主见；如果孩子不相信你的说教，他可能叛逆，或不信任你，毕竟现在的孩子都有强烈的自我意识，尤其是穿着上，而从这一点说，更强调了言传身教的重要意义。

古人云：“以教人者教。”要求在孩子身上形成的品质和良好习惯，父母都应具备。父母的榜样作为一种具体的形象具有强烈的暗示和感染力量。父母的表现在很多情况下成为孩子的参照。而对于孩子的形象，父母更应该起到榜样作用，逐渐影响和引导孩子，让孩子知道什么是美，该怎样穿着，这对孩子的一生有重要的影响。

衣服干净合身，比漂亮流行更重要

我们都知道，爱孩子就要给孩子一个好的生活环境，让孩子学会在外形上审美，这有利于孩子的气质、礼仪和修养的培养。但家长要切记，对孩子而言，衣服干净合身比漂亮流行更

重要，一定不要让孩子过分打扮自己，这会让孩子形成一种虚荣心理，长大后就会被金钱所诱惑，被花言巧语所击败，从而轻率地决定了自己的一生，酿成一些无可挽回的悲剧。

张佳的妈妈这样谈到自己的女儿：“我女儿是高一学生，她从小就乖巧，喜欢穿漂亮的衣服。上了高中以后，女儿对穿着打扮就更讲究、更用心了。看到服装杂志，总要买回来爱不释手地看，对服装款式、用料、颜色评论起来头头是道，看到哪个女同学穿的衣服时髦，就嚷着要买。上学前，她总要拿出几件衣服对着镜子比试一番后才决定穿哪件。我批评她不务正业，用错了心，而她居然说我老古董。”

张佳妈妈的话是有道理的，在女儿这个年龄段，如果思想意识出现了偏差，对她的成长是不利的，但她对女儿的教育方式也是不正确的，女儿现在这个年龄开始打扮是正常的，父母不能说她不务正业，应该正面引导，如可以和她一起讨论一下穿着打扮方面的问题，找出父母与女儿可以共同接受的打扮程度。

其实，生活中这样爱打扮的孩子越来越多，成长中的孩子爱美很正常，但家长要正面引导，不要让孩子过分爱打扮。

很多时候，孩子过分爱打扮，主要是由家庭造成的。现在许多父母溺爱自己的孩子，认为只有一个孩子，又有经济承受能力，所以舍得买高档服装。有些父母不注意孩子的修养和教育，喜欢在吃穿打扮、玩具等方面与他人攀比，甚至给孩子大把零花钱以显示自己的富有和与众不同，久而久之，孩子就以此为美了。

一位10岁的男孩拉着父母走进一家服装专卖店，看到一套高档运动服便让父母给他买。当母亲说他穿的运动服几乎还是新的时候，他却说那身运动服再穿就落伍了。这时，站在旁边的父亲一边掏银行卡一边说："讲节俭的年代已经过去了，他想要就给他买吧"。

的确，随着生活水平的提高，很多家庭逐渐富裕了，孩子是家庭富裕的"直接受益者"，家长对孩子提出的要求也都尽量满足。可是，事实上，这种给孩子大把钱花的教育方式是有百害而无一利的，罗伯特·清崎曾表述过这样一个观点："如果你不教孩子金钱的知识，将会有其他人取代你。如果让银行、债主、警方，甚至骗子来进行这项教育，这恐怕不会是个愉快的经验。"因此，家长们在对孩子的礼仪教育中，千万不要让孩子以贵为美，应教导孩子树立正确的审美观。

那么，家长应该怎样引导孩子正确地对待穿衣打扮呢？

1.让孩子体验生活的艰辛

没有切身体味过贫穷、饥饿、艰辛和灾难，孩子怎么会知道生活的不容易？家长要让孩子参加真正意义上的社会实践，而绝非为了怕孩子吃苦，给孩子形式上的"实践"。

2.让孩子明白什么是真正的审美

这需要家长的正确引导，培养正确的审美观，告诉孩子什

么才是真正的美。比如，可以让孩子学习美术，在美术中去学习色彩搭配是很有帮助的。最重要的是让孩了明白，他所在年龄段的孩子应该穿什么才是适合自己的。

3.告诉孩子快乐的源泉不是物质，而是精神上的追求

很多孩子因为家长的娇惯，只有在购买漂亮的衣服时才是开心的。家长要告诉孩子简单就是快乐。

圆圆的家庭条件很差，父母又都是残疾人，她只能靠学校减免学费才能上学，可是，爸爸妈妈很疼爱她，她很小就明白了什么是快乐。爸爸妈妈会教她如何进行废物利用，如用电视机的纸箱给她造了一座属于她自己的小屋，用牛奶盒做玩具，用可乐罐做沙锤等，她很喜欢。爸爸妈妈也从不随便给她买玩具，更别说像别的女孩一样有漂亮的衣服了。“如果我们认为可以自己动手做的就会带着她一起体验。其实在制作过程中孩子所获得的乐趣是远远大于买新衣服的，”爸爸这样说道，所以，圆圆现在有时在商店里看到漂亮衣服，她都不要求爸妈给她买。

4.提高审美情趣，端正消费行为

孩子如何认识“美”这个问题，通常很受父母影响，甚至模仿父母的穿衣风格，如果妈妈说：“你穿这件运动服真好看！”那么孩子就认为穿这件衣服很美，天天穿着不肯换。一些孩子爱穿名牌，除受社会上高消费的影响外，也与家长的消费观、审美观有关。一些父母认为，现在生活条件好了，以前

吃了很多苦，所以要满足孩子的任何需求，尤其是物质上的，并且，他们希望通过给孩子买高档衣服来炫耀自家的身份、地位或富有，满足自己的虚荣心。有的父母宁愿自己省吃俭用，也要让孩子在别的孩子面前“不掉价”。殊不知，家长的这些行为对孩子是一种误导。

5.家长也要注意对孩子的效仿和引导作用

无论是男孩，还是女孩，在打扮上都喜欢模仿大人，尤其是妈妈。很多家长说：“我从来不在她面前化妆，可她也会偷偷地涂口红。”其实，在这种情况下，你不如就当着她的面化妆，但要化得淡一些。同时，你的生活要充实一些，让她觉得你除了爱美之外还做许多其他事情。对于爱化妆的孩子，你可以明确地告诉她，化妆品对皮肤有一定的伤害，小孩子不可以用。不过，孩子涂两次口红，家长不必太紧张，这只不过是孩子好奇和爱美的一种表现，经过一段时间提醒，她的兴趣会渐渐淡化。

礼貌用语，彰显素质

作为父母，我们都知道，文明礼貌是中华民族的优秀传统，是人们在日常人际交往中应当共同遵守的道德准则。在我们的孩子与他人的互相交往中，和悦的语气、亲切的称呼、诚

挚的态度等，都会使得孩子更加友好、尊重别人。俗话说："良言一句三冬暖，恶语伤人六月寒。"因此，文明的谈吐和行为是孩子具有良好修养的表现，讲文明礼貌能促进孩子和他人之间的团结友爱，是沟通孩子与他人之间情感的道德桥梁。

培养孩子礼貌待人的好习惯，需要父母从日常生活中的细节入手，不要让孩子出言不逊、恶语伤人，失礼不道歉，无理凶三分，乘车争先恐后……防微杜渐，是防止孩子出现不文明行为的最佳方法。

除此以外，我们在日常生活中，尤其在语言习惯上，要让孩子学会一些礼貌用语，父母可以从以下几个方面入手：

1.教会孩子一些初步的礼仪知识

家长应该从小教导孩子学习一些礼仪知识，这也是文明行为，包括见面或分手时打招呼、握手，与人交谈时眼神、体态和表情要体现出对对方的尊重。

2.杜绝孩子说脏话的习惯

要知道，一个满嘴脏话的人，是无法获得他人的尊重和友好协作，也不易获得友谊和自信，因此往往缺乏幸福感。家长要想使孩子成长为有所作为的人，就应教孩子从小懂礼貌、讲文明。

也许，在孩子还小的时候，无论是老师还是父母都嘱咐孩子要讲文明懂礼貌，不能讲脏话，但是随着孩子年龄的增长，逐渐忽视了孩子的这一教育，转而把目光都放在了孩子的学习上，而事实上，孩子是需要全面发展的，这也是素质教育的宗旨。

3.让孩子掌握一些礼貌用语

（1）欢迎语。欢迎语是接待来访客人时必不可少的礼貌语，如“欢迎您”“欢迎各位光临”“见到您很高兴”等。

（2）征询语。征询语是指在交往中，尤其是在接待过程中，应经常地、恰当地使用，如“我能为您做什么”“请问您找谁”“请问您需要什么帮助吗”等征询性的语言，这样会使他人或被接待者感受到被尊重。

（3）请托语。顾名思义，就是我们向他人提出某种请求或者希望获得他人帮助时使用的语言。对此，我们一定要“请”字当先，而且态度语气要诚恳，不要低声下气，更不要趾高气扬。常用的请托语有“劳驾”“借光”“有劳您”“让您费心了”等。

（4）赞美语。赞美语是指向他人表示称赞时使用的语言。常用的赞美语有“很好”“不错”“太棒了”“真了不起”“真漂亮”等。在交往中，我们要细心观察，善于发现他人的优点和长处并加以赞美，这样做的好处是，不仅能拉近彼此间的距离，还能体现我们的友好，有利于获得他人的好感。

当然，面对他人的赞美，也应做出积极、恰当的反应，如“谢谢您的鼓励”“多亏了你”“您过奖了”“你也不错嘛”等。

（5）致歉语。在日常交往中，人们有时难免会因为某种原因影响或打扰了别人，尤其是当自己失礼、失约、失陪、失手时，都应及时、主动、真心地向对方表示歉意。常用的致歉语有“对不起”“请原谅”“很抱歉”“失礼了”“不好意思，让您久等了”等。当你不好意思当面致歉时，还可以通过电话、手机短信等其他方式来表达歉意。

（6）拒绝语。拒绝语是指当我们在面对别人请求，但不得不拒绝时，采用婉转的词语加以暗示，使对方意会的语言。在人际交往中，当对方提出问题或要求，不好回答“行”或“不行”时，可以用一些推托的语言来拒绝。例如，当别人求助我们做一件事，而我们能力有限，无法办到时，你可以这样拒绝：“很抱歉，我很想帮你，但是……”

（7）告别语。告别语可能显得有点客套，但却不失礼仪。与人告别时神情应友善温和，语言要有分寸，具有委婉谦恭的特点。例如，“再次感谢您的光临，欢迎您再来”“非常高兴认识你，希望以后多联系”“十分感谢，咱们后会有期”等。

俗话说，“一句话能把人说跳，一句话也能把人说笑。”作为父母，我们要明白，让孩子懂得礼仪，让孩子学会得体地说礼貌话，是帮助孩子接通情感的热线、使人际交往畅通无阻的重要前提。

第 03 章

体态礼仪课——得体的体态动作让人心生好感

对于任何一个成长中的孩子来说，一切从“礼”，注重自己举手投足的姿态，站立行姿势，不但能提升气质，还能戒掉那些不雅的小动作和习惯。只有在日常生活中的各种场合，注意使用规范的、得体的、稳重的行事风范，才能逐渐练就得体的仪态，获得他人的好感。

不要让不雅的小动作破坏了孩子的良好形象

俗话说：“坐有坐相，站有站相”，任何一个端庄优雅的孩子，无论在什么场合，都会注重自己的仪态，都会注意自己的行为动作。事实上，动作礼仪是礼仪学习中方法最为重要的内容。

生活中，我们发现，尽管我们教育孩子要注意自己的行为习惯，但一些孩子在与人打交道的时候总是小动作不断、坐立不安，这样便显得有失礼仪，也很难给人优雅感。

因此，要想让我们的孩子更多地体现文明优雅的举止，同时避免那些让自己形象大打折扣的不雅动作。作为家长，我们应该帮助孩子杜绝这些习惯，坚决不让它们有可乘之机。

我们不妨先来看下面的故事：

小李今年25岁，是个长相甜美的姑娘，最近，离职后的她很快接到了新单位的面试通知。但事有不巧，这天早上她的手机突然“罢工”，定的闹钟没有响，起来的时候已经是9点20分了，于是急急忙忙地洗漱、整理面试用品，到面试公司时已经是10点半了。她刚坐下，人力资源经理就走了进来。还没谈两句，该公司副总又走进来，想看看面试情况。

小李的紧张情绪一下子就到了顶点。介绍工作经验时不时

地摸自己的鼻子，尽管自己没有感冒，也不觉得鼻子有多痒。她明显感到那个副总脸上的表情是晴转多云，可自己一点办法也没有，本来昨天做了一些面试准备功课，可早晨一慌乱，全忘了，现在的她脑子里一片空白。不久，她头上就冒汗了，自己顺手擦了一下。

副总和人力资源经理耳语了两句，对小李说："你们先聊，我出去了。"小李有些僵硬地笑着起身打招呼。接下来的面试简直就是在走过场，对方问了她几个无关痛痒的问题，就匆匆结束了面试，还很客气地说让她等通知。小李心里明白这不过是客套话，她已经不抱任何希望了。

小李面试的失败，其实就败在了她摸鼻子这个小动作上。一个人在说话的时候摸鼻子，给人的第一印象就是不自信。千万不要小看这种微不足道的小动作，说不定就是因为它造成的负面印象让你在面试过程中"折翼"。

可见，一个小小的动作，居然会在无意间"出卖"我们，因此，为了避免这种不自知的行为发生在我们的孩子身上，为了让我们的孩子成为懂礼仪、有修养的人，家长要从根本上帮孩子杜绝不良习惯。

1.严禁孩子说脏话、暴粗口

生活中大多数情况是这样的，大人有时也会语出不雅，但都习以为常，不会觉得有什么异常。而脏话从孩子嘴里说出来，就特别刺耳，要是他们在大庭广众之下冒出些脏话，父母

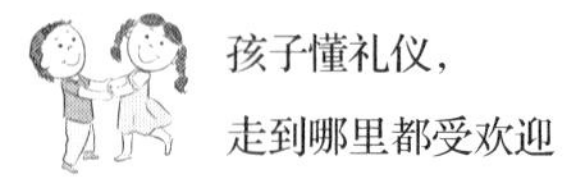

更是想找个地洞钻下去。其实，家长也应该拒绝脏话，这样，在家里建立互相监督的制度，如果父母不小心在孩子面前说了不文明的词句，一定要向孩子承认错误，以加深他不能说脏话的印象。

2.杜绝孩子抖腿或者晃脚

一些孩子在坐着的时候，会不自觉地抖腿或者晃脚。殊不知，这种看似无意识的动作，却让别人感觉孩子缺乏教养，所以，在日常生活中，尤其是在公众场合，家长们一定要告诫孩子注意这一点，千万不要让这些习惯性作给孩子“抹黑”。

3.告诉孩子用完餐后不要当众剔牙

出于习惯或者牙缝大、牙齿不整齐等原因，有些孩子喜欢在用完餐后用牙签当众剔牙，这种毫无避讳当众剔牙的行为是非常不文明、不礼貌的，不仅影响别人的食欲，而且会破坏自己在他人心目中的形象。试想，哪个有修养的人会在用完餐后当众剔牙呢?

4.提醒孩子不要当众抠鼻子、随地吐痰等

有的孩子无所顾忌，如当众抠鼻子、随地吐痰、乱扔垃圾等。他们不知道，这些不文明的行为都会让自己的形象丢分。

作为家长，在这方面有监督的责任和引导的义务，一旦发现孩子出现类似不良行为，就要将其扼杀在“萌芽”状态。

总之，如果我们希望孩子成为一个受欢迎的人，就要从以上四个方面努力，这样便可以有效地避免孩子因一些小动作带

来的许多麻烦！

让孩子从第一个微笑开始传递好感

有这样一种说法："好形象、好口才、好人脉是成就人生的三大法宝，形象改变一切，口才征服世界，人脉成就大业。好形象赢得好前程，好口才创造好命运，好人脉成就好人生。"从这句话中，我们能看出一个人的形象在交际中的重要作用，而一切形象的基础是一个人的表情，一张笑脸就如同一个人的名片，你的友好与否，对方会从你的脸上一眼看出。倘若你面带笑容，这就传达了你的善意，你与交际对象之间的关系也就一下子拉近了。

从这一点，父母可以明白一点，在对孩子的礼仪培养中，也要让孩子学会微笑示人，让孩子从第一个微笑开始传递好感。美国著名喜剧大师博格就有一句名言："笑是人与人之间的最短距离。"善于交际的人在人际交往中的第一个动作就是表情中的微笑，微笑在人际交往中有亲和的作用。

卡耐基在他的课程中，鼓励学员每天都要对别人微笑，无论是上班路上，还是回家，一段时间后，来班上谈自己的心得，那么，结果如何呢？

威廉·史坦哈是好几百人中的典型例子。

“我已经结婚十八年了，在这之前，几乎每天都很少和我的太太说话，也很少微笑，我看起来闷闷不乐的，但是在你的鼓励下，我尝试了一个星期，现在，我要去上班的时候，就会对大楼的电梯管理员微笑着说一声‘早安’；我以微笑跟大楼门口的警卫打招呼；当我跟她换零钱的时候，我对地铁的出纳小姐微笑；当我站在交易所时，我对那些以前从没见过我微笑的人微笑。”

威廉·史坦哈接着说：“我很快就发现，每个人也对我微笑，我感到很快乐，也愿意耐心地对待那些爱发牢骚的人，我一面听着他们的牢骚，一面微笑着，于是问题很容易就解决了。我发现微笑带给我更多的收入，每天都带来更多的快乐。”

可以说，是微笑让威廉·史坦哈的人际关系有了巨大的改善。的确，无论是成人，还是孩子，都要面临烦琐的生活、工作或学习，也就要面临压力，但无论如何，我们要告诉孩子，如果他想成为一个受欢迎的人，就不要皱着眉头，学会微笑吧，让他的笑容感染别人。

然而，不少父母发现，孩子好像并不爱笑，对此，家长需要掌握以下几种训练方法：

1.培养孩子乐观的心态

一个总是保持乐观的孩子，脸上才会随时挂满笑容，而这需要父母在平日里就教育孩子凡事要考虑积极的一面。

2.对镜微笑训练法

你可以告诉孩子，当闲来无事时，可以尝试以下这种训练微笑的方法：先坐在镜子前，整理一下自己的衣服，闭上你的眼睛，调整你的呼吸使之匀速。然后开始深呼吸，让你的心静下来，接下来，睁开眼睛，你看到镜子里的你是不是清爽了很多，既然如此，请笑一笑吧。让你的嘴角微微翘起，舒展你的面部肌肉。如此反复，训练时间长度随意。

3.让孩子经常对周围的人发自内心地微笑

微笑并不是简单的脸部表情，它应该体现整个人的精神面貌。所以，我们可以告诉孩子在平时多对周围的人发自内心地微笑。这样，就能避免孩子与他人沟通时笑容太僵硬。

4.告诉孩子微笑时要心存友善

只有友好的笑容，才能让他人感受到你的诚意，也才是自然的，能感动他人的。人们常说“伸手不打笑脸人”，因为微笑是一种力量，它有一种赢得对方欢心的魅力，可以让孩子产生无穷的亲和力。

其实，微笑本身和个性的内向与外向无关，只要肯去训练，任何人都能拥有迷人的微笑。

因此，家长要在生活中培养孩子乐观的心态，培养出一个爱笑的孩子，这样的孩子更受欢迎。

站有站相，坐有坐相，身形挺拔的孩子大受赞赏

在人际交往中，作为父母，我们常常听到这样八字箴言：“站有站相，坐有坐相”，意思是一个人的站姿和坐姿要到位，才能展现良好的仪态，因此，每个孩子都应该学习正确的站姿和坐姿，这是礼仪学习的重要内容。

所谓站姿，指的就是人们在停止一些身体活动后，直立着自己的身体、双脚着地，或者踏在其他物体之上的姿势。现代礼仪对我们的站姿要求是：“站如松”，嘴微闭，两眼平视前方；收腹挺胸，腰背挺直，两臂自然下垂；两膝相并，脚跟靠拢，脚尖张开约60°，从整体上产生一种精神饱满的感觉，切忌头下垂或上仰，弓背弯腰。

生活中，人们常常说的站如松，指的就是要像松树一般挺拔，这是一种静态美。作为孩子，掌握正确的站姿要领，以健美的站姿出现在别人眼前，能给人一种挺拔笔直、舒展大方、精力充沛、积极向上的良好印象。

另外，在生活中，一个人坐着的时候总比站着的时候多。坐态在人们生活里占了重要的分量。优雅的坐姿不仅展现一种形体美，更能展现一种优雅的气质。反之，坐姿不雅，则会给别人留下不好的印象。事实上，在我们周围，不少孩子都没有掌握正确的站姿要领，也犯了不少坐姿错误。

那么，孩子应该掌握哪些站姿和坐姿要领呢？

第一，站姿。

正确站姿的特点是：端正、挺拔、舒展、俊美。具体来说，家长要告诉孩子这样站立：

1.不要叉开双腿，也不要放松四肢

一般来说，站着的时候，一条腿用力多一点，另一条腿用力少一点，形成一种稳定。人们所说“站如松”，就是说，站着的时候，重心的稳定，是一个人性格坚定的体现。

2.站时一定要抬头挺胸收腹

这是最起码的站姿，而且不管在哪里，在哪种场合，只要是站就要保持这种形态，长久下来就会形成一种习惯。如果孩子说不行，站不出那种效果，那就锻炼孩子，脚跟、臀部，两肩、后脑勺贴着墙，两手垂直下放，两腿并拢做立正姿势站半小时，天天如此，就能站出效果来。

3.正确的手位

一些孩子在站立的时候，尤其是在人多的时候，常常表现得局促不安和紧张，不知道双手如何放。

对此，家长可以告诉孩子，同别人站着交谈时，如果空着手，可双手在体后交叉，右手放在左手上。

如果背着书包，可以借助书包摆出优雅的姿势；若你身上背着背包，可利用背包摆出优雅的站姿。

问候他人或者做自我介绍时，无论握手或鞠躬，双足应当并立，相距约10厘米，膝盖要挺直。

等车或等人时，两足的位置可一前一后，保持45°，肌肉放松而自然，并保持身体的挺直。

当然，这些站姿是规范的，但要避免僵直硬化，肌肉不能太紧张，可以适宜地变换姿态，追求动感美。在站立时，不要弓腰驼背或挺肚后仰。也不要东倒西歪地将身体倚在其他物体上，两手不要插在裤袋里或叉在腰间，也不要抱臂于胸前。

总之，站的姿势应该是自然、轻松、优美的，不论站立时摆何种姿势，只有脚的姿势及角度和手的位置在变，而身体一定要保持绝对的挺直。

第二，坐姿。

1.不同场合的坐姿

（1）一般场合。如果是一般场合，坐在椅子上时，可以这样：身体轻轻贴靠于椅背，背部自然伸直；自然收紧腹部，两脚自然并拢相靠，大腿和臀部用力产生紧张感。

（2）与人交谈。与人交谈，如果坐得很浅，那么，对方可能认为你很拘谨，这时需要你用脚来平衡自己的身体，应坐得深一些，然后背部保持直立，膝盖并拢，这会使你显得从容。

（3）去陌生人家做客。当去陌生人家里做客，落座的时候，家长要告诉孩子，不要把身体深深地陷在沙发里而仰面朝天与人说话，这会引起他人的反感。正确的坐姿是，坐在沙发的边缘，两腿微微地侧向对方，这样会显得很有礼貌和教养。当谈话完毕，很容易立即站起来，与别人握手告别。

2.在不同地方的坐姿

（1）客厅坐姿。客厅坐姿要像坐在沙发上一样优雅，最好不要跷起二郎腿，而对于女孩子而言，要将裙子掖进两腿之间，两腿呈夹角着地，背部完全放松靠在沙发上，但肩膀和腰吃一点劲，不要完全放松。这样的坐姿好看又舒服。

（2）餐厅坐姿。上半身挺直坐好，双腿并拢，向一侧斜撇开一只脚，大约50厘米，再把另一只腿斜搭在撇开的这只腿上。

3.掌握一些坐姿禁忌

（1）坐的时候不能把双腿叉开，这是不文明的体态。对于女孩子而言，更不适宜。

（2）不要随便跷二郎腿，显得自己不庄重。

（3）坐着的时候不要抖动自己的脚尖和双腿。

总之，作为父母，我们要在生活中的各种场合告诫孩子注意自己的站姿和坐姿，久而久之，孩子便能在潜移默化之中养成挺拔的站姿和优雅的坐姿。

行如风，训练孩子自然大方的走路姿态

我们都知道，在人们的日常生活中，确实存在着另一种语言，这就是无声的体态语。体态语与空间语对孩子的礼仪教

育尤为重要。如果我们把一个人出现频率很高的形体动作“筛选”出来，那么，这些具有连续性与稳定性的动作，就在一定程度上反映了这个人的风度。而对于我们的孩子来说，要想提升修养和气质，首先就要从自己的形体上努力。除了站姿和坐姿外，还需要学习正确的走路姿态。

可能不少父母也发现，我们成人在走路时都会有自己的特点，有人走路永远都是急匆匆的，而有人则永远都是慢吞吞的，另外还有人走路是内八字或者外八字。

不得不承认的是，良好的走路姿态体现了一个人的修养。良好的步态，应该是自如、矫健、敏捷的。

而现代礼仪对任何人都有这样一条行姿要求：“走如风”，挺胸收腹，目光平视，两手自然下垂，前后摆动，并前摆向里约35°，后摆向外约45°，脚尖直指正前方，身体平稳，两肩不要左右晃动。要款款轻盈显出阴柔之美，均切忌八字步。

可见，良好的走路姿态，应该是自如、轻盈、矫健、敏捷的。那么，作为父母，我们该如何引导孩子形成良好的走路姿态呢？

对此，我们要让孩子掌握以下几点要领：

1.注意走路速度

家长要告诉孩子，走路时，速度要均匀，不可太慢，也不可太快。太快，就形成“碎步”，这种步子会使全身出现摇摆，身体的前后摆动太大，或周身肌肉的抖动太大，容易失去

平衡；而太慢则显得全身松弛，缺乏精气神，给人一种慵懒与精神不振的感觉，更谈不上和谐美感。

2.要注意重心的稳定

走路时，应慢慢收腹，然后挺胸，这两个动作是自然连贯在一起的，只有当人体的重心略微向前靠，使其正好落在脊柱的前方，才能产生一种进取感。

走路时，挺胸可以收紧腿部力量和全身肌肉，形成一种有力的形象。千万不要向前耷拉着脑袋，也不要向后仰。上半身应保持相对的稳定，不要左右摇摆。手的摆动幅度也应与速度相宜，如果头前倾或后仰，身体左右摆动过大，手的摆动幅度过大等，就可能造成“重心位移”，走路的姿态会变得摇摇摆摆，很不稳定。

3.步态要轻

走路的轻巧，一是给人以敏捷的感觉，二是给人以轻松的感觉。

要获得轻巧感，走路时需用腰力，同时，走路时脚与腿的使用十分重要，千万不要用大腿迈步，而要用小腿边步，即走路时大腿摆动的幅度不宜太大，如果幅度太大，就会造成上半身向后倾斜，加大了全身的摆动，让人觉得“很吃力”，小腿迈步则显得很轻盈。

走路时，切莫让脚跟先触地或全脚落地，而应该让脚掌先落地，然后脚后跟触地。

最后，走路时不要扭动臀部（不是指自然扭动，而是人为扭动），尤其是女孩子。因为臀部向左右过大地扭，与走路的前进感恰恰构成了心理上的“异向差”，从而肢解了人体走路时的和谐美感。因此，多余的、矫揉造作的动作，都会影响步态的优美。

总之，礼仪上的恰当与否是判断一个孩子修养与气质的重要标准。任何一个孩子，都要学会用空间说话，用体态说话。就是说，要学会用无声的语言配合有声语言，达到一种“余音绕梁，三日不绝”的韵味，而这些都需要父母在平日里就对孩子进行针对性训练与矫正，进而逐渐培养出“行如风”的孩子。

引导孩子恰当运用手势

我们都知道，在人类的各种肢体语言中，手势的动作幅度是最大的，同时，方式也更加多样和灵活。在人类的进化过程中，双手是劳动不可或缺的关键部位，因此发挥了至关重要的作用，推动了人类的进化历程。而人们在说话时，都会情不自禁地做出一些手势，这样，我们的讲话才显得更为自然和轻松。

对于成长中的孩子来说，尤其在孩子牙牙学语之初，他

们掌握的词汇还不多，手势和肢体语言的运用就更为广泛。手势有指引、情意、形象、象征等诸多含义，孩子使用手势的时候应该规范、得体，这也是家长对孩子的礼仪教育中的重要部分，作为父母，我们要引导孩子在与人交往中正确恰当地运用手势。

一个周末，妈妈的同事张阿姨带着儿子小乐来家里做客，妈妈跟张阿姨有事要谈，就让天天领着小乐去他房间玩了。过了一会儿，妈妈听到房间里传来争吵声，赶紧跑过去，妈妈看到小乐坐在地上哭，而天天正颐指气使地用手指着小乐说："我说了，叫你不要动我的帆船模型，那是我爷爷送我的。"

小乐看到自己妈妈过来，哭声更大了，张阿姨说："这么大孩子，动不动就哭，像个啥。"说完拽起孩子。

妈妈很难为情，走过去对天天说："再怎么样你也不能欺负弟弟啊！"

"我没有欺负他，我就是警告他不要碰我的东西。"

"还说没有欺负，妈妈告诉过你多少次，用手指着人家说话，是极不礼貌的行为，也是一种蔑视，不是吗？"

听到妈妈这么说，天天不好意思地低下了头，走到小乐身旁说："小乐弟弟，刚才是我做得不对，我不该大声说话，更不该用手指着你，你能原谅我吗？"说完，他伸出手，小乐也伸出了手，二人握手言和。

事后，张阿姨说："小王啊，你教育孩子还真有一套。"

“孩子的礼仪教育、教养在平时就要展开了，这样，即使他犯了错，也有个标准，知道自己做得不好，也就能改正。”

这里，我们不得不佩服天天妈妈的教子心得，孩子用手指向他人说话，是不礼貌的表现，妈妈要及时指出来，加以纠正。的确，对于成长中的孩子来说，自然而安稳的手势，可以帮助孩子平静地说明问题，减少坏情绪，也能增强语言的表现力。

那么，我们该如何引导孩子掌握并运用合理的手势语言呢?

1.规范使用标准手势

家长要告诉孩子，手心向上以示尊重。

标准手势是五根手指并拢，手掌舒展伸直，小臂与地面平行，肘关节距身体一拳左右的空隙，手掌、手腕和小臂要成一条直线。用手掌表达情感时，尤其是邀请别人或表达观点时，尽量手心向上，以示尊重。

2.手势与表情配合使用

做指引等手势要用手掌，用手指来指点别人是不礼貌的。运用手势的时候要与面部表情相配合，如微笑、点头等。任何时候手势都不要做得幅度过大或过于突然。

3.为人指路注意姿势

为别人指路时，正确的指引手势是把手指伸直并拢，手与小臂成一条直线，肘关节自然弯曲，掌心向斜上方，指引的方

向要明确到位，不要摆来摆去给对方造成疑惑。

4.指引客人以右为尊

孩子指引客人参观学校或展览时，要用到行进指引手势，具体为：五指并拢，手掌斜切于地面，手指方向即为指引方向。要站在客人的左前方，体现“以右为尊”原则，并先于客人一步之前，礼貌运用“您这边请”等用语。

“不积跬步无以至千里，不积小流无以成江海”，手势礼仪虽然只是礼仪中一个很小的部分，但我们也要教育孩子合理使用，让其在举手投足间都能展现出良好的风范和礼仪，成为一个彬彬有礼的人。

第04章

素养礼仪课——打造素质高教养好的孩子

礼仪教育对于孩子成长的重要性毋庸置疑，但一些父母错误地认为，对孩子进行礼仪教育就是给孩子优越的生活环境，给孩子温馨的生活氛围，让孩子逐步接触礼仪教育。其实，对孩子的礼仪教育，最好的还是对孩子的教养问题，素质高的孩子才会心胸开阔、谦逊有礼，才会处事得体大方，而对于这些良好的素养，都需要父母用心培养、精心培育。

礼仪教育中要培养孩子良好的时间观念

“现在的孩子知识面广，脑子灵，就是有点‘懒’”，可能很多家长都这么评价孩子。而孩子们懒的最大表现就是时间观念比较差，即将长大的他们还是希望自己的生活和学习被老师和家长安排得妥妥当当，凡事拖拉。长此以往，他们会形成一种依赖心理，对于孩子的成长是极为不利的。因此，父母若不希望自己的孩子成为“小霸王”“小懒虫”“小磨蹭”，明智的做法就是培养孩子良好的时间观念，这也是孩子应具备的礼仪规范。

“小欣，去做作业吧，你都看了半天电视了。”妈妈一边刷碗，一边叫正在看电视的小欣回房间做作业。

“等会儿，看完这集我就去。”

“你刚才都这么说，再不去，你今天的作业估计做不完了。”

“哎呀，妈妈，你真啰唆。”

“过来一下，小欣，妈妈觉得有必要告诉你管理时间的重要性了。”

的确，任何人，只有在自己的时间被充分利用而不被浪费的情况下，生活才是充实的，做事才是有效率的。

对于每个孩子来说，时间都是尤为珍贵的。“一寸光阴一寸金，寸金难买寸光阴”，任何知识的获得，都要花费时间。因此，家长要告诉孩子，要正确地认识时间的作用，不要荒废了大好的青春，要把时间观念当成追求成才路上必须培养的品质之一。

事实上，不重视时间是所有人尤其是孩子在学习乃至生活中的大敌。而养成守时、有序、高效的好习惯，是孩子一生受用不尽的财富。从人生成功的角度讲，统筹规划的意识和能力是成功人士必须具备的一项重要素质，而这种素质只能在从小就习惯制订具体的学习计划并严格执行的实践中才能形成。

那么，作为父母，我们该如何培养孩子的时间观念呢？

1.从生活中入手，培养孩子的时间意识

“一寸光阴一寸金，寸金难买寸光阴”，从小培养孩子的时间意识，懂得珍惜时间，学会管理时间，让孩子成为时间的真正主人，对孩子的成长可谓大有裨益。

培养孩子良好的时间意识，可以从生活规律着手。你可以让孩子在日常生活中，通过睡觉、吃饭等各种活动，利用生物性节奏，培养良好的生活规律。例如，可以为孩子制定一份家庭作息表，纠正孩子不守时的毛病，如早晨6点半起床，7点半准时出门……晚上8点前上床睡觉，保证孩子晚上有10个小时的睡眠时间并持之以恒，逐渐培养一种守时惜时的习惯，那么孩子的时间意识、时间观念的培养是水到渠成的事情。

2.告诉孩子珍惜学习时间

学习知识的过程本身就是一个领会—巩固—应用的过程，在这个过程中，听课就是领会的过程，不能领会就谈不上巩固和应用，就必须“重新学习”，白白浪费不应该浪费的时间，往往事倍功半。这种学习我们认为是“捡了芝麻丢了西瓜”。这种情况的出现，很多时候是因为孩子还没有认识到课堂时间的宝贵。他们可能会错误地认为课上不认真听没关系，课后或课下可以自学，认识不到上课时间的相对价值，对于这种观念，家长要逐步予以纠正。

另外，还有一些孩子虽然形成了认真听课的习惯，但不重视自习课的时间。自习课看小说、玩耍，这样的习惯干扰了对知识的巩固过程。对知识的巩固必须及时，趁热打铁，否则就会迅速大量地忘掉。还有的孩子珍惜上课、自习课时间，却浪费课余、课外时间，不重视知识的应用。知识的应用有课业练习、社会实践等。由于许多课余时间被浪费，课业练习达不到熟练的程度，也没能将所学的知识应用于实际生活中。这样的学习兴趣不浓，上进心不强，学习成绩依旧得不到提高。

3.让孩子懂得休息

学生的主要任务就是学习，这无可厚非，但长身体的时候，也要注意休息，如家长可以告诉孩子，在学习疲劳之前休息片刻，既避免了因过度疲劳导致的超时休息，又可使自己始终保持较好的“学习状态”，从而大大提高学习效率。

4.让孩子遵守约定时间，做可信任的朋友

在与人交往的过程中，时间观念不明的孩子也面临“信用缺失”——久而久之，同学和朋友对动辄迟到、缺席的他有批评、有疏远，认为他讲话不算数，不守信用，这将严重阻碍孩子“社交活动”的正常进行。

撒谎是不文明的行为，一定要杜绝

前面，我们已经提及诚信对于一个孩子成长的重要，的确，诚实是做人的原则，是一种正直的品格，历来受人推崇。莎士比亚有句名言：“质朴比巧妙的言词更能打动我的心。”爱默生曾说：“诚实的人必须对自己守信，他的最后靠山就是真诚。”而在家庭礼仪教育中，家长也要告诉孩子，撒谎是不文明行为，一定要杜绝。

小东一直是个乖巧的孩子，可是，升入初中后的他居然挨了爸爸一次打，这是怎么一回事呢?

那天下午，他的父母在观看画展时，巧遇小东的班主任江老师，和他谈起小东的学习，自然涉及刚刚结束的期中考试。江老师说：“小东这次成绩不太理想，只考了第九名。”小东爸爸说：“听小东说，好像是第三名，从成绩上推算也应是第三名。”江老师肯定地说是第九名。

看完画展回家，他们问小东这是怎么回事，小东觉得纸里包不住火，便把实情告诉了父母。

原来，上个学期小东成绩是全班第一。升入初二后由于学习松懈，参加活动过多，成绩有些下滑，期中考试仅名列班内第九。可能是由于虚荣心太强，或者怕爸爸、妈妈责怪，于是涂改了物理、地理、生物三科成绩，使总分列班内第三。小东的爸爸生气之下狠狠打了小东，对他说："不管考第几名，爸爸、妈妈都不会责怪你，关键是你不诚实，用假成绩哄骗家长，实际上也是自欺欺人，这样的你将来怎么能有所成就？"

可能涂改成绩对于一个初中孩子来说，并不算什么大事，但对于成长期的孩子来说，却涉及他们人格塑造得是否完善。

可见，如何杜绝孩子撒谎、使之成为一个诚实的人，是值得家长们共同探讨的问题。

为此，父母要注意以下几点：

1.父母要以身作则，不撒谎

有这样一个笑话：一位爸爸教育孩子："孩子，千万别撒谎，撒谎最可耻。""好的，爸爸。我一定听您的。""哎哟，有人敲门，快说爸爸不在家。"试想，这样教育孩子，孩子能诚实吗？

美国著名心理学家大卫·艾尔金德认为：要想让孩子有教养，守道德，父母首先必须是一个品德高尚的人。作为父母，

不要以为在孩子面前说的是一套，自己做的又是另外一套，而没有被孩子识破，孩子就会表现出诚信的行为。孩子的眼睛是真实的，他们往往会以实际为取舍。因此，家长应时刻检点自己的言行，从日常生活中点点滴滴的小事做起，不要撒谎，只有这样，对孩子的诚信教育才会有实效。

2.学会满足孩子合理的心理需要，杜绝孩子撒谎的行为

一位美国学者为了给自己的某个研究找素材，他来到某监狱，并采访50个罪犯，最后，他发现一件有意思的事。

有一个罪犯在坦白自己是怎么走上犯罪这条道路时这样说：

“我是从撒谎开始走向犯罪的。”

“那你为什么要撒谎呢？”

“小时候，家里面兄弟姐妹好几个，有一次分苹果吃，其中一个苹果又大又红，我们都想要那个大红苹果。我对妈妈说：‘妈，大的红苹果给我吃。’妈妈瞪我一眼说：‘你不懂事，你怎么带头吃大的呢？’当时我观察发现，谁越说要妈妈就越不给谁，谁不吱声或说了反话，谁就最有希望得到。这时我就撒谎说：‘妈妈，我就要最小的苹果。’妈妈说：‘真是个好孩子，就把大苹果给你。’说假话可以吃到大苹果！啊，越想要就越不说，到时候，你‘表现好’就可以得到。我为了吃大苹果，所以就说假话。”

一次次小的撒谎行为就可能酿成整个人生的悲剧，这些罪

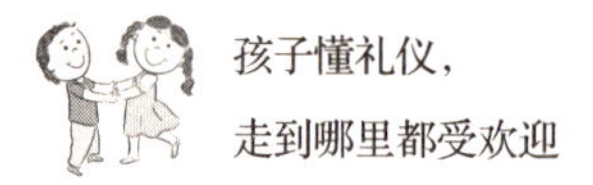

犯之所以会走上人生的错误之路，就是从小小的谎言开始的。

每个父母都希望自己的孩子诚实守信，不喜欢撒谎的孩子。但是，许多孩子却表现得不尽如人意。究其原因，大多是由于后天的某种需要引起的，如为了满足吃的、玩的需要甚至为了逃避受批评、受惩罚，这些都助长了孩子撒谎的恶习。

3.父母要及时地肯定和鼓励孩子诚信的表现

孩子虽然在成长，但毕竟还小，思想和品德都未形成，我们应该抓紧实施诚信教育，时时事事处处都不放过，有理有利，让他们从小获得一张人生的通行证——诚信。

人人都渴望被肯定，孩子也是这样。为了满足这种需要，他们在与他人交往的时候，一般都会勇于自我表现，善于自我表现，父母在这方面应该创造条件，给予他们积极的诱导。当孩子有了诚信表现之后，父母及时给予肯定，强化诚信的行为效果，不断加深诚信在孩子头脑中的印象。日久天长，诚信习惯自然而然就会形成。

4.和孩子建立真诚和相互信任的关系

你要求孩子说话算数，你对孩子首先要说话算数。如果确实无法兑现对孩子的承诺，一定要向孩子解释原因。这样在孩子心里才能对诚信的重要性有一个深刻的印象和理解，也才会信任家长，有什么事、有什么想法都愿意告诉家长。

5.掌握批评的艺术，及时纠正孩子不诚实的行为

孩子说谎，家长往往非常生气：“小小年纪，怎么学会了

说谎？长大成人后岂不成了骗子？”家长为孩子的不诚实担心是有道理的，但在批评孩子的时候，也要讲究方法，这才会行之有效。首先，不要损伤孩子的自尊心。家长要弄清楚孩子不讲诚信的深层次原因，千万不可盲目地批评。其次，在此基础上，还要及时对他进行单独的批评以便抑制不诚信行为的继续发生。最后，要让孩子心服口服。不要用粗暴的方式来对待孩子，这无异于把他们推向不诚信的深渊，下次就会编出更大的谎言来骗你。

别让妒火焚伤孩子，心胸开阔的孩子才讨喜

作为父母，我们都知道，人活于世，谁都需要友谊，我们的孩子也是，每个孩子也都有几个朋友，但似乎这些孩子间都有一个威胁友谊的最大的杀手——嫉妒，因为在同龄的孩子之间，往往免不了竞争，因此，一些孩子在面对比自己优秀、比自己成功的朋友时，就会产生心理不平衡，“和他做朋友，感觉自己像个小丑一样，简直是他的附属品”，这种心理很多孩子都有过。

作为孩子的第一任老师，父母在培养孩子健康的竞争心态上起着极为重要的作用。在培养孩子竞争意识的过程中，也应让孩子明白，竞争不应是狭隘的、自私的，竞争应具有广阔的

胸怀，因为只有心胸开阔的人才更受欢迎，也是现代礼仪对每个人的要求。

美国著名心理学家布鲁纳曾经指出，好胜的内驱力可以激发人的成就欲望。但如果不能正确地认识竞争就会导致人们在相互的竞争中产生嫉妒心理。嫉妒过于强烈，任其发展，则会形成一种扭曲的心理：心胸狭窄，喜欢看到别人不如自己，并喜欢通过排挤他人来取得成功。所以，作为父母，我们应该鼓励孩子与他人进行良性竞争，千万别让妒火焚伤孩子。因为嫉妒之心会毁坏友谊，损害人际关系，甚至毁灭生活的安逸。

具体来说，父母可以这样引导孩子：

1.让孩子认识到嫉妒心理的危害

只有让孩子改变认知，并认识到嫉妒的危害性，他才会有意识地克服妒忌心。那么，妒忌心的危害有哪些呢？家长不妨为孩子列出以下几条：

（1）对己来说，嫉妒只能说是一种自我折磨，因为嫉妒憎恨别人又无法启齿。这样，只会让自己在痛苦中煎熬。有人曾说过嫉妒心是不知道休息的，它具有最持久的消耗力，会直接影响到人的身体健康；不仅如此，心怀嫉妒的人，往往妒火中烧，忧心忡忡，人际关系不良。因为通常情况下，心怀嫉妒的人会把这种消极情绪转化为行动，如对被嫉妒者冷言冷语、背后说坏话、故意挑毛病等方式，设法令对方难堪，打击其自信心。

（2）对别人来说，被嫉妒者往往因挫折反而勇敢进取更显优秀。当你对那些被嫉妒者给予伤害时，只能激发对方的斗志，那么，对方便会更加进步，而你只能停留在嫉妒中不可自拔，可见嫉妒无损他人而折磨自己。

（3）嫉妒是丑陋的。从近处说它破坏友谊。集体中互相学习、互相帮助、共同进步的正气令人多么愉快，而嫉妒者不顾同学之情，朋友之谊，为发泄憎恨而干损人不利己的蠢事，结果只能被集体嘲笑和孤立。从远处说，一旦道德堕落，干出伤天害理之事，还将受到社会谴责、法律惩处。

2.教导孩子友善和谐地与人相处

对于成长中的孩子来说，人际交往对于他们的心理健康发展非常重要，通过与人交往，孩子不仅能感受到关爱，还能通过他人的评价，及时地改正自己的不足，并且督促自己成长。同时，这对于孩子排解嫉妒心理也非常有利。

3.告诫孩子接纳自己和完善自己

任何人都不可能十全十美，当然也不会一无是处。孩子毕竟是孩子，容易骄傲自满，也容易自卑。因此，你有必要告诫他们要接纳自己并完善自己。所谓接纳自己，就是既能看到自己的不足，又能看到自己的优点，然后继续发扬自己的优点，改正自己的缺点。

4.教育孩子在竞争中要学会宽容

现实生活中，部分在竞争中失败的孩子，往往会流露出不高兴的情绪，会对对手充满敌对情绪，从这点，也能看出这些孩子还不能用正确、积极的态度面对竞争，这就要求我们在培养孩子竞争意识的同时，还要培养孩子好的竞争心态，要告诉孩子，在竞争中要宽容待人，让他明白竞争应该是互相接纳和包容的，而不是狭隘的、自私的。

总之，作为家长，培养孩子的竞争能力，就要让孩子明白只有与嫉妒告别的人，才有可能获得最后竞争的胜利，成为优秀的人。

良好礼仪规范，要先为孩子立“规矩”

前面，我们已经分析过礼仪教育对孩子成长的重要性，然而，对于一些年幼的孩子来说，教育过程中，与他讲很多道理，他并非全部能听懂，犯错时你的道理再合适，也不明白。只有让他知道，他那样做会受到惩罚，他才能记住，这就需要家长立规矩，以下几条是孩子从小就必须养成的礼仪规矩：

1.杜绝粗野、粗俗的行为和语言习惯

生活中，我们发现，有一类孩子，他们总是出口成脏，语言粗鄙，如果养成习惯，有时是无心的一句口头禅，却会对孩子今后的学习和工作带来严重的影响。

还有一类孩子，喜欢使用暴力手段，强制别人服从自己的

意志；用语言对他人进行攻击、胁迫，来实现自己的愿望。但是，这样的做法是绝对不可取的！

如果孩子出现了粗俗的言行，爸爸妈妈应该怎么做呢？首先，要帮助孩子明辨是非，明确地告诉他："以后不能这样做了，这是粗野的行为，是要挨批评的！"然后家长引导孩子，让孩子自己反省，想出更好的办法来处理这样的事情。

这样的规矩能帮助孩子调整自己的情绪，学会如何对待自己想要的东西，如何处理自己的情绪等。在这个过程中，孩子会不断地调整对事物的看法和自己的心态。等他长大后，他也会用这套模式去对待周围的人，变得更加理性、为他人着想。

2.将他人的东西占为己有

6岁前的孩子自我意识才刚刚萌芽，往往很难分清自己和他人，更不懂得分辨什么东西是自己的，什么东西是别人的。所以只要是孩子喜欢的东西，他就会毫不犹豫地伸手去拿，觉得"拿到我手上就是我的了"。

对此，家长们应该有意识地帮助孩子建立自我意识，可以拿着大人的衣服和孩子的衣服告诉他："这一件是你的，这一件是爸爸的，这件是妈妈的。"

帮助他建立自己与他人的界限，等孩子能清楚地分清自己和他人的时候，爸爸妈妈也要刻意地对孩子提问："这是你的吗？"让他独立地进行判断，并给他立下规矩。

这样的规矩，可以帮助孩子更好地区分"你的""我的”，知道不是自己的东西就是别人的，别人的东西不能拿，而“我的”东西一定归我支配。

这种物权概念的区分，是最基本的道德和心态的基础，孩子长大后才更懂得尊重他人。

3.不可以随意打扰别人

当孩子遇到好的事情，如受到老师表扬了、交到一位新朋友等，总会很兴奋地想要把它告诉爸爸妈妈，无论爸爸妈妈在做什么事情他们总会毫不犹豫地打断。

现在许多父母都是“孩子第一”，所以常常允许孩子在任何时候打断自己讲话，还会高兴地回应孩子，这样的态度容易让孩子养成不顾一切打扰别人的习惯，长大以后可能会以自我为中心，很难在集体中生活。

如果发现孩子有这样的坏习惯，爸爸妈妈要在平时生活中有意识地帮他改正，告诉他：“随便打扰别人是很不礼貌的，你想想，如果你想睡觉，小朋友老是过来跟你说话，会高兴吗？”

用心平气和的引导让孩子学会换位思考，让他知道被别人打扰是很不开心的事情，然后再给他立下规矩。

这样的规矩能让孩子学会尊重他人，让他懂得当别人在忙的时候不应该去打扰他，而且孩子在这个过程中学会了换位思考，也会变得更加善解人意，这样更容易交到好朋友。

4.勇于道歉

家长们疼爱孩子，总觉得“孩子还小”处处让着他，就算孩子犯错不道歉，爸爸妈妈也会一心软就原谅他了。这样的处理方法，会让孩子觉得“做错事也没什么大不了的，反正爸爸妈妈都会原谅我”，孩子没有了约束，难免会为所欲为，犯更多更严重的错误。

从小就教孩子，做了错事要道歉，这样才是懂礼貌的好孩子！在孩子犯错的时候，除了教育他之外，可以要求孩子对自己说一声“对不起”，如果是爸爸妈妈错怪孩子了，也要向他道歉，给孩子树立一个好榜样，跟孩子一起遵守规矩。

这样的规矩能让孩子学会礼貌待人，诚实地面对，并且有勇气主动承认错误。在这个过程中，孩子也学会了反省自己，也开始懂得维护自己的权利。

当然，在立规矩的时候，家长要以身作则，要求孩子做到的自己先做到，树立榜样。如果孩子做不到，要进行惩罚，惩罚完要告诉他哪里做错了，一定要让他自己重复一遍什么地方做错了，做错的原因，这样才能记住。

有修养的孩子会控制自己的脾气

我们都知道，在一个人的礼仪修养中，重要的标准就是脾气，有修养的人并不是没有脾气，而是懂得控制自己的脾气，不随意发泄。然而，我们发现，一些孩子常在生活中因为一些小事就和同学、玩伴甚至父母怒目相向、大发脾气，或者斤斤计较、得理不饶人，这些对于孩子的成长都是极为不利的。家长在教育孩子的时候，礼仪教育绝不能少，这样教育出的孩子才能拥有比天空还宽广的胸怀，闯出一方属于自己的天空。

相反，一个脾气暴躁的孩子，很难想象他有什么美好的前程！那么，父母该怎样通过培养孩子的良好修养来达到让孩子控制自己脾气的目的呢？

1.让孩子多看书、多思考

一个孩子的修养不是一个月两个月就可以改变的，这需要长时间的培养和熏陶。比如，很多孩子读完大学，很久没见的人都说他变了一个样，其实就是校园生活熏陶出来的，多读书总有好处，实践出真知。

“我的孩子喜欢阅读，经常自己拿着书坐在家里的地板上津津有味地阅读。

“孩子最喜欢看故事书。一次，孩子在读到《将相和》的故事时问我：‘妈妈，如果是我，我可不会背着荆条去认罪。’孩子说的是廉颇负荆请罪的故事。我告诉孩子，因为廉颇负荆请罪，因为蔺相如心胸宽广，以大局为重，所以，秦国才不敢侵犯赵国。还有一次，孩子读到韩信后来做了元帅，竟然宽恕那几个当年侮辱他的人的时候，不解地说：‘这么欺负

人，怎么还饶了他们呢？’我问孩子：‘你不是想当一个好孩子吗？你不是希望自己将来能做大事吗？要成就大事，必须要有一个宽广的胸怀。’”

父母们可以从这位母亲的教育中获得一些启示，还可以从生活中的一些现象出发，告诉孩子怎样才能拥有一个宽广的胸怀，如不要斤斤计较那些鸡毛蒜皮的小事情，要欣赏他人的优点，不要嫉妒。把“海纳百川，有容乃大”这样的格言贴在孩子的桌子上，作为孩子的座右铭，让他自我勉励。

2.给孩子创造一个好的生活环境

良好的生活环境对于孩子的成长十分重要，只有在好的生活环境下，才能培养出孩子好的气质修养。

3.增加孩子的阅历

不一样的环境会造就不一样的人，一个孩子的阅历、学识，对自己的了解程度都会对修养有一定的影响。

下面是一位妈妈的教育心得：

“我们经常利用各种节假日，带孩子出去旅行，确实收获颇多，尤其是孩子现在大些了，我们出去的机会就更多了，我们去了山东、内蒙、海南、云南等好多地方，其实，我们并没有刻意地去教育孩子要有宽广的心胸等，但是，孩子却在这一次次的游览中，增长了知识，开阔了眼界，更令我们高兴的是，孩子在一次次的经历中，拥有了宽广的胸怀，很少会再因为哪个同学比自己优秀而烦恼了。”

4.让孩子学会控制自己的情绪

（1）让孩子学会宁静。帮助孩子寻找放松的方式和途径，鼓励他运用这些方法放松自己，特别是在他放学后或者一段时间以来非常活跃之时——这些时候，他可能认为自己很难“着陆”。

（2）警惕不要让那些真正需要安静时间、喜欢独处的孩子，随着时间的流逝而变得离群索居。注意观察他可能出现的任何“孤独”的征兆。

（3）如果你的孩子有太多的时间独处，建议他参加某个体育或者社交俱乐部或青年团体。

（4）孩子的忌妒、愤怒、沮丧以及怨恨的感受，应该是可以接受的，而不应该遭致惩罚或拒绝。不过，虽然可以有这样的感受，但不能因此而伤害他人。这时候可以帮助他提出他的要求。比如，对他说，“我想你现在很伤心难过，给你一个拥抱，你会觉得好点吗？”

（5）给每个较小的孩子配备一本感受日志，让他在固定（或者自由）的时间里，写下他对作品、学校、事件或人物的反应。

（6）情绪表达需要特别的词汇。孩子必须知道他们可以选用哪些语词来表达自己的感受，而且，如果这种信息以恰当的方式告知他们，他们会非常乐意拓展自己的语汇，以替代那些咒骂性的语言。

（7）在没有压力的空闲时间里，找个机会开诚布公地告诉他，在他需要的时候，家永远是他最后的庇护所。

总之，一个人的修养必然会带来气质上的变化，所以，如果父母希望孩子成为一个仪态端庄、步姿优美、意气风发、充满自信的人，就要让孩子学会管理自己的情绪，而这除了穿着得体、说话有分寸之外，更要不断提高孩子的知识、品德修养，不断丰富他的人生阅历。

杜绝孩子的害羞、忸怩的小家子个性

不得不说，一个人的气质，很多时候是从举止上表现的。在未来社会，我们的孩子需要参与各种竞争，接受社会的“检验”，只有落落大方，不卑不亢才能得到别人的认同和赞赏。因此，家长在对孩子进行礼仪教育的时候，一定要注意杜绝孩子的小家子气，让孩子大方接物，对孩子今后的成长大有益处。

国外的儿童心理学家曾在多所小学进行了调查，结果显示：5个小学生中就有2个腼腆的孩子，程度会因年龄不同而略有差别。对此，家长若不及时进行引导，就会导致孩子小家子气的形成，与人交往的时候显得忸怩作态，毫无气质可言。这就是为什么生活中我们总能听到很多这样的声音：

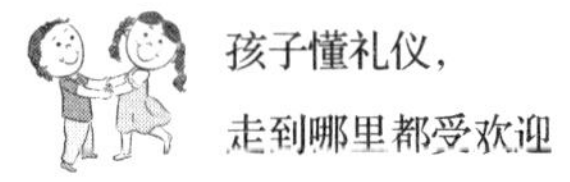

“女儿很腼腆，如果让她在亲朋好友面前唱歌、跳舞、讲故事，她总是低下头，紧张得半天开不了口。”

“儿子从小就害羞，家里来了生人（包括不经常往来的亲属），他会很快躲到妈妈的背后，把脸藏起来。”

“我的儿子在幼儿园从不主动表现自己——回答问题不积极，不主动找小朋友玩……我问他为什么，他总是说不好意思。可是他在家表现得却总是很活泼。”

这些都是我们常能听到的父母的感慨，在日常生活中，很多孩子在自己家中活泼大方、能说会道，可一旦到别人家里或碰到生人，就会局促不安、胆怯怕生，做什么事都要成人代劳。对此，父母们也很是无奈：“这孩子，在家里能说会道的，怎么出来就变样了？”诚然，每个孩子都有一个正常的害羞期，但这是在孩子1～2岁的时候，过了这个年龄，如果孩子还是胆小怕事，小家子气的话，恐怕就需要父母进行引导了。

可以说，很多孩子这种小家子气的形成，是和父母的教育有很大关系的。

1.父母过于溺爱孩子，让孩子缺乏独立面对人际交往的能力

我们不得不承认，孩子是父母眼中的宝贝，父母不忘孩子才情的培养，但是忽略了孩子也将要成为社会的一分子，这样的孩子尽管在知识储备上高人一筹，但是没有熟练的人际交往能力，与人交往的时候，不能轻松自如。

2.很多父母给孩子“贴标签”

孩子小家子气的缺点其实是父母长期给他“贴标签”的结果，当孩子在人前忸怩的时候，父母不是鼓励孩子大方交往，而是以孩子害羞给自己找台阶，长此以往，孩子也就不敢交往了。

每次带燕燕出去，妈妈总会提前给女儿打“预防针”：诸如见到认识的叔叔阿姨、爷爷奶奶要主动问好，人家问什么要好好回答……但几乎每次女儿都拿她的话当耳边风，偶有巧遇她也会把脸扭向一边根本不看人家；如果对方是高高大大的男性，她就干脆趴在妈妈身上给人家一个后背。这时，妈妈往往会以“这孩子害羞”敷衍过去，觉得这样才能在熟人面前挽回点面子。

可能，和燕燕妈妈一样，很多家长在孩子给自己“丢面子”时，都会赶紧向对方解释，“我女儿太腼腆”或“他是我们家脸皮最薄的”。可家长忘记的是，这种当着孩子的面说孩子害羞是十分不妥的。这就好似给孩子贴上了一个“害羞”的标签，当这种“我是害羞的”的意识深深植入孩子的内心，他会认为自己就是这个样子了，以后他还会利用这个标签来逃避不喜欢的人——这时，害羞就成了孩子一种有意识的行为。

3.当孩子不能大方与人交流时，父母不是体贴反而指责

忸怩、小家子气的孩子一般都会自信心不足，父母一味地指责只会让孩子的自信心再次受到打击。可以想象，一个自信

心严重受创的孩子，又怎么可能变得开朗大方呢？

以上这些都是父母在对孩子进行家庭教育过程中出现的一些误区，杜绝孩子的小家子气，父母必须也要杜绝这些教育失误。父母的教育决定着孩子未来会成为一个什么样的人，父母要想培养孩子的气质与修养，就要让孩子在待人接物上学会落落大方，日后才能成为一个落落大方、受人欢迎的人。

谦虚的孩子更有教养

中国人素来以谦卑闻名。谦卑是一种智慧，是为人处世的黄金法则，懂得谦卑的人，必将得到人们的尊重，必将被人们认同和喜爱。可见，谦逊能够营造良好的人际关系，谦逊的孩子更有教养。

而现代社会，很多孩子都是独生子女，父母并没有彻底了解到对孩子的教养的培养，精神教育的缺乏让这些孩子很容易产生骄傲自大的情绪，而这往往阻碍了孩子在人际交往中的表现。

有个女孩大学毕业以后，她对自己的前途充满信心，因为她在学校一直都表现得很出色，而且多次获得征文比赛的大奖。她一心想到贸易公司工作，并准备了许多简历前去应聘。

其中有一家公司写了一封信给她：“虽然你自认文采很

好，但是我们看了你写的简历，直言不讳地说，你的简历写得很差，甚至还有许多语法上的错误。”

受到打击的女孩心底很不服气，“我怎么可能在简历上出错呢？”但是，当她仔细查看了简历时，发现确实有些她没有察觉出来的错误，而这些错误的拼写和语法自己一直都这样用，却一直都不知道它们是错的。

于是她写了一封感谢信给这家公司，信上是这样写的：“谢谢贵公司给我指出我经常犯的错误。我会更加细心的。”几天后，她再次收到这家公司的信函，通知她可以上班了。

人人都喜欢谦虚的人，而不会与自以为是的人为伍。即使是在提倡“毛遂自荐”精神的今天，谦虚依然不失为一种优良的美德。持有谦虚精神的人如同持有一张通行证，可以畅通无阻地行走于社会，因为谦虚的人更有教养，更知礼仪。而要教育出一个谦虚的孩子，父母要在生活中丰富孩子的精神世界。

那么，父母该如何培养一个谦虚的孩子呢?

1.不要过度夸奖孩子

父母对孩子过分的夸奖与肯定，很容易使孩子滋生骄傲情绪，认为自己是最优秀的。一旦这种骄傲情绪产生，再纠正就困难了。

如今很多孩子的父母喜欢在众人面前炫耀孩子在这方面或那方面的“与众不同”，这样就很容易使孩子滋生骄傲情绪。事实上，一些潜质很好的孩子之所以没能如愿地在未来成为栋梁之材，正是源于他的骄傲自满、狂妄自大。

骄傲自大的孩子往往不屑于与别人交往，心胸狭窄。他们虽能取得一定的成绩，但往往只满足于眼前取得的成绩，而且他们看不到别人的成绩。只有谦虚的孩子才有机会看清自己，看清别人，从而博采众家之长。

2.经常给孩子讲一些优秀人物的故事或者一些浅显的道理。

比如，《水满则溢》的故事：

一个容器若装满了水，稍一晃动，水便溢了出来。一个人若心里装满了骄傲，便再也容纳不了新知识、新经验和别人的忠言了。故古人云："满招损，谦受益。"

另外，还有爱因斯坦的故事：

爱因斯坦是个名满天下的科学家。据说有一次，他的学生问他："老师的知识那么渊博，为何还能做到学而不厌呢？"

爱因斯坦很幽默地解释道："假如把人的已知部分比作一个圆的话，圆外便是人的未知部分，所以说圆越大，其周长就越长，他所接触的未知部分就越多。现在，我这个圆比你的圆大，所以，我发现自己尚未掌握的知识自然比你多，这样的话，我怎么还懈怠得下来呢？"

当然，这些道理和故事最好来源于孩子周围的生活环境，尤其是同时代，同年龄的其他孩子的优秀事迹对孩子更有激励作用。让他们知道：天外有天，人外有人。很多事物的优越性

都是相对的，我们所拥有的，永远都微不足道，所以我们没有理由不谦虚一点。

3.父母要用自身的言行影响孩子

父母切不可有骄傲自满的表现，因为一个尚未形成价值观、社会观的孩子极易受父母的影响。

4.为孩子创造良好的环境

父母要为孩子创造一个有利于培养孩子谦虚品质的大环境，同时和老师配合。在教育孩子谦虚的同时肯定孩子的长处，让孩子认识到只有谦虚才能使人不断进步。

人际交往中，谦逊既是一种姿态，也是一种风度，一种修养，一种品格，一种智慧，一种谋略，一种胸襟。一个人不管自己有多丰富的知识，取得多大的成就，或是有了何等显赫的地位，都要谦虚谨慎，不能自视过高。孩子也一样，谦虚的孩子更有教养，更受人欢迎。

第05章

谈吐礼仪课——有礼貌的孩子走到哪里都受欢迎

我国是礼仪之邦，历来注重礼貌，讲究谈吐。“言为心声，语为心境。”培养孩子良好的语言习惯其实是在培养一种积极向上的生活态度。谈吐优雅是一个孩子有修养和气质的重要表现，谈吐好的孩子，能由内而外散发出一种馨香，父母如果在孩子还小的时候，就注重对其谈吐的培养，那么孩子长大成人之后，势必会成为一位高贵、文雅的人！

引导孩子学会恰当得体地自我介绍

作为成人，我们都知道，在人际交往中，细节决定成败，我们与人交谈的开场白——自我介绍，是必不可少的一个环节，因为很多时候，交谈双方并无他人引见，倘若我们不能跨出第一步，把自己主动地介绍给别人，那么我们就丧失了一次结交朋友的机会，因此，学会恰当地自我介绍很重要。

而对于孩子来说也是如此，自我介绍能让孩子学会表达自己，这些对大人来说看似平淡无奇的话题增强了孩子的语言能力。此外，孩子对自己的了解也提升了孩子的自信心，也鼓舞了他去学习更多的东西。当他们面对新的朋友和新的环境时，可以更加从容不迫。

引导孩子学会恰当得体地自我介绍，是对孩子礼仪教育中不可缺少的学习课题。我们来看下面这个孩子是怎么自我介绍的。

有一次，五年级一个班召开队长竞选会。一个女孩涨红着脸，激动地请求："大家好，我叫夏雨，是个自信爱笑的学生，虽然我各方面表现不太好，但我也想当个干部，为同学们服务，请大家投我一票吧！"

面对这发自心灵的呼唤，同学们报以热烈的掌声，一致同

意这位女孩担任小队长。从掌声中，这位女孩听到了同学们热情的鼓励："你能行！"当时，她激动得哭了。上任以后，她工作得很出色。

当同学们问她怎么有那么大的勇气和信心的时候，她说："我妈妈总是鼓励我，说我要勇敢，要敢于自我介绍，敢于推荐自己！"

案例中，夏雨的妈妈是个明智的家长，从小锻炼孩子说话的胆量，教会她学会自我介绍，能让孩子为自己递出一张优秀的名片，帮助孩子提升竞争力。

从礼仪上来说，良好的自我介绍能让别人眼前一亮，这甚至会弥补孩子外在形象上的缺陷。透过孩子简短的介绍，对方就会对我们的孩子有个理性的认识，这是感性认识的一个更深层次的认识。

具体来说，孩子学会自我介绍，好处多多：

1.帮助孩子结识更多的朋友，扩展交际圈

如果孩子能做完整的自我介绍，并且能倾听小伙伴的自我介绍，无形中会增强交往能力，能在学校和日常生活中多结交朋友。

2.增强孩子自信心

可以完整进行自我介绍的孩子，必然会受到老师的表扬，又容易被别的同学认可，这样孩子的自信心也能受到鼓舞。

3.自我展示

孩子在人际交往中如能正确地自我介绍，不仅可以扩大自己的交际范围，广交朋友，而且有助于自我展示、自我宣传，是孩子与人交往的第一步，是交谈的开场白。正确地介绍自己，能让别人从心理上接受他，从而为接下来的交往打好基础！

那么，家长该如何引导孩子学会自我介绍呢？从礼仪上讲，家长可以这样逐步引导：

第一步：对于年幼的孩子来说，先让孩子记住一些简单的内容，包括：自己的姓名、年龄、父母的姓名等。

对此，可以设计一些问题，用问答的方式，让孩子记住它们。

这里需要注意的是，孩子还小，我们一开始训练的时候，以大人说为主。替孩子作答的时候，语速放慢一点，吐字尽量清晰，这有助于让孩子记住它们。等孩子熟悉这些内容以后，就可以在提问后停顿数秒，引导他自己来回答。

第二步：让孩子学会介绍一些复杂的内容，如兴趣爱好、特长、缺点等。

下面是一位小朋友的自我介绍：

“大家好，我是XX，爸爸妈妈取这个名字是希望我好好学习。其实我是挺喜欢学习的，我可喜欢上幼儿园啦，我还爱看书，爱听妈妈讲故事，爱听老师唱歌，爱交好朋友，所

有新奇的事情我都感兴趣。当然，当然，我最最喜欢的还是芭比……说到我的不足，爸爸妈妈和老师都说我太好动，小屁股有点坐不住，这个，其实，我是有一点点外向啦……”

这一介绍可以说是低龄孩子自我介绍的范本，父母可以以此为依据引导孩子自我介绍。

第三步：帮助孩子将一些信息串联起来。

要孩子学会把这些问题的答案串联起来，组成完整的一段话，让孩子不需要你的提示就可以直接陈述出来。

这时的自我介绍可以加进一些主观性较强的问题，如：我最喜欢的人是爸爸妈妈；我最喜欢看的动画片是《哪吒》；我最喜欢的故事是《白雪公主》；我会自己吃饭，会给自己穿鞋子……

总之，我们的孩子总是要进入社会，参与成人之间的社交活动，我们除了要让孩子掌握丰富的科学文化知识外，还要培养他们与人交往的能力，而首先我们应该让孩子学会自我介绍。这是展现孩子良好谈吐的重要方面。

以礼相待，教孩子有礼貌地与他人交谈

现代社会，人与人之间交往，我们强调要以礼相待。对于成长中的孩子来说，他们从很小的时候就受到长辈这样的教

导：与人见面时不要不理睬，而要打招呼问好，如使用“您好”“您早”“早上好”“早”等问候语；对长者、尊者、上级应谦恭地问候；较熟的人要亲切地问候；不太熟的人可热情点头微笑打招呼……这就是人们常说的礼貌，与人交谈，以礼相待，会给人一种彬彬有礼的感觉，我们也总是对这样的孩子充满好感。因为通常情况下，人们会认为，懂得礼貌的孩子同时具备其他很多品质，如真诚、修养好、谈吐优雅等。因此，作为父母，我们决不可忽视对孩子的礼貌教育，告诉孩子，以礼待人，把礼貌话说到位，才能让他人看到你的素质和修养，从而对你另眼看待。

经过妈妈训练后的妞妞，俨然是一个知书达理的淑女，与人交谈，谦恭有礼。一次，妈妈的同事打来电话，喊妈妈去打牌。

“阿姨好！”

“是妞妞吧？”

“阿姨，是我，我妈妈刚才出门买菜去了，有什么话，您方便跟我说吗？”

“其实，没什么大事，我们家明天晚上有客人来，我希望你妈妈也来，大家围在一起好好玩一桌。”

“您放心，我一定帮您跟我妈妈说。”

“王姐的女儿果然很懂事，谢谢你啊。”

“不客气，这是我应该做的。”听完阿姨的夸奖，妞妞心

里已经乐开了花。不一会儿，妞妞妈妈就回来了，妞妞主动给妈妈开了门，并把事情的经过说了一遍，妈妈拍了拍女儿的肩膀说："女儿，进步了不少，懂得以礼相待了，一会儿妈妈做好吃的奖励你。"

案例中的妞妞就是个知书达理、以礼待人的孩子，很明显，这样的孩子是人见人爱的。而其中，妞妞妈妈功不可没。那么，作为父母，应该如何培养孩子礼貌与人交谈的礼仪习惯呢?

具体来说，需要我们从以下五个方面引导：

1.教孩子学会爱他人

这个世界，因为有爱才更美好，一个人，如果不懂得爱身边的人，那么，他的人格是不健全的。"仁者，爱人"，家长要引导孩子从小学会爱他人、爱父母、爱老师、爱朋友、爱家庭、爱学校、爱国家，不存在爱，就不存在谦恭礼让，孩子拥有一颗爱人之心，是他一生的财富。

2.告诉孩子尊重他人是最好的礼仪

只有先尊敬别人，才会赢得别人的尊重，尊重是相互的。我们要告诉孩子，不仅要对同龄人尊敬，更要敬长辈、敬师长，"敬"是待人处世的基本态度。

比如，家长要告诉孩子做到：早上走进校门，对早到的老师点头致意。喊一声"老师早"；在校园里行走碰见不认识的老师，也不忘笑着叫一声"老师好"；当有问题请教同学或者老师的时候，不要忘记说“谢谢了”；当和老师在狭窄的楼道遇到，要记得让老师先走；老师生病了，课间也关切地问候一下……

3.告诫孩子要学会礼让

孔融让梨的故事，孩子也都知道，可是，在现实生活中，真正能做到这一点的孩子实在不多。谦让、礼让是美德之本、礼仪的精髓。对此，家长要告诫孩子始终保持自己礼让的“风貌”：与人方便自己方便；退一步海阔天空；荣誉金钱乃身外之物，见利思义……

4.不同的人，需要“区别”对待

生活在孩子周围的人，都各有不同的地位、身份和社会关系，家长要告诉孩子，与不同的人相处有不同的礼仪要求，必须恰如其分地加以区别和应对，不可混乱礼数、有失分寸。谦恭礼让也应区别对象，随机地把握好谦恭与礼让的尺度。

5.和谐是孩子与人相处的目标

我们的孩子在日常人际交往中待人接物，要“礼之用，和为贵”。这样，人际关系自然就“和谐”了。

6.切实落实孩子谦恭礼让的作风

引导孩子把握“仁爱、恭敬、礼让、区别、和谐”五方面修炼要点是重要的，但更重要的是落实具体行动。

总之，家长在督促孩子努力学习的同时，也不可忘记对孩子的礼仪教育，其中就有言谈举止上的，家长要在生活中对孩

子逐步引导，进而让孩子成为谦恭礼让、彬彬有礼的人。

从小为孩子定谈吐优雅的标准

作为父母，我们给予孩子的不仅是生命，还有人格力量、品质、修养等部分，一个出色的人，与良好的家庭教育是分不开的，正如塞德兹说过："人如同陶器一样，小时候形成一生的雏形，幼儿时期就好比制造陶器的黏土，给予什么样的教育就会形成什么样的雏形。"每个孩子都希望被周围的人喜欢，做到这一点，孩子就必须拥有优雅的谈吐，谈吐优雅是现代礼仪的基本内容。

谈吐优雅的孩子待人接物彬彬有礼、不卑不亢；谈吐优雅的孩子，餐桌上行为得体；谈吐优雅的孩子，不和父母顶嘴，不打断别人说话；谈吐优雅的孩子，随时随地体贴照顾他人，尊敬和关心他人；谈吐优雅的孩子，把"请"和"谢谢"挂在嘴边。总之，谈吐优雅不仅赋予了孩子大气、得体之美，更为孩子成为淑女、绅士奠定了最强有力的基础，作为踏入社会的父母更是深深明白，举止优雅将会为长大后的孩子带来无穷的魅力。但在现实生活中，由于家庭教育中孩子修养教育的缺乏，很多孩子在谈吐上没有形成一种很好的习惯，而要培养孩子良好的语言习惯，还需要家长从小为孩子定谈吐优雅的标准。

一位母亲道出了自己的苦恼：“人家小姑娘穿得干干净净的，说话甜甜的，很讨人喜欢，但我女儿就是个‘皮大王’，说话大喊大叫，把玩具弄得‘身首异处’，喜欢和男孩子在一起疯，小裙子上总是脏兮兮的，我怎样才能培养出一个谈吐优雅的小淑女？”

的确，作为父母，我们都希望自己的孩子谈吐优雅、举止得体，那么，我们究竟应当怎样去约束孩子不当的说话方式，一点一滴地培养起孩子优雅的谈吐呢？

1.父母是孩子语言习惯的一面镜子，需要以身作则

一位妈妈这样写道：“别以为小孩什么事情都不懂，她可都看在眼里呢。有一次，她冲我发脾气，我就说她：‘小姑娘不可以这么大声说话。’结果就听到她小声嘟囔：‘妈妈和爸爸不开心的时候也这么大声说话的。’听到女儿这么说，从那以后，我尽量克制自己的急性子，暗自发誓要给她树立一个优雅妈妈的好榜样。”

无数事实证明，父母的一言一行对孩子的影响是巨大的，如果父母说话大嗓门，孩子讲话也必然不能轻声细语；父母说话无所顾忌，孩子自然也会大大咧咧……所以要想培养出谈吐优雅的孩子，父母必须首先注意自己的语言习惯。

2.告诉孩子谈吐优雅的标准

日常生活中，父母们不妨参照以下标准，对孩子提出合理

正确的要求：

（1）父母要教育孩子，与人交谈，要学会尊重他人，面带微笑，千万不可以一边说话一边剔牙、掏耳朵、挖鼻孔等。

（2）父母要让孩子养成礼貌用语的习惯，如经常说“您好”“谢谢”“请”“对不起”“没关系”等。父母还应告诉孩子，啰唆、重复、一声不吭都是不正确的语言表达方式，需要注意的是，父母向孩子讲解优雅举止的标准时，不要用教训或命令的口吻，而是要循循善诱、谆谆教导。当谈吐优雅成为孩子一种不自觉的习惯时，孩子卓尔不凡的气质也就形成了。

3.父母要多提示和表扬孩子

孩子的一些错误的语言往往出于考虑少，而不是有意冒犯。如果父母此时严厉斥责，往往会使孩子产生反感和抵触情绪。因此，想让孩子变得谈吐优雅，最好的方法就是提示和表扬。

例如，父母可以制订一些家庭内部的基本原则来引导孩子谈吐文雅。再如，如果父母将“你这个没教养的孩子，吃饭时不能大声说话”转换成“我们家的规矩是吃饭时不能大声说话”这样孩子比较容易接受，因为你是在说一种制度、一种行为，而不是在批评他。

杜绝孩子说脏话，培养其文明礼貌的习惯

这天课间操时间，同学们纷纷往操场上赶，东东一不小心，撞到了旁边的亮亮。

亮亮斜睨了东东一眼，怪声怪气地说：“好狗不挡道。”

东东瞪大眼睛，气愤地回应：“你！没长眼啊？”

亮亮嗓门也很高：“你才没长眼呢！”

东东更是扯着嗓子喊：“你长眼瞎了啊！”

亮亮向前一步嚷：“你才瞎了呢！”

两个人吵得脸红脖子粗，谁也不肯道歉，最终动起手来，亮亮冲动地把东东打伤了。看着受伤的东东，亮亮后悔不已，吓得不知道怎么办才好。老师还把他的父母“请”到学校来了，亮亮的爸爸妈妈很通情达理，并没有指责儿子，看着委屈的儿子，他们反倒安慰起来。

“爸妈，我该怎么办呢？帮帮我吧！”

妈妈问亮亮：“孩子，你真的知道自己错了吗？以后再发生这样的事情你知道该怎么做吗？”亮亮忙不迭地点头。

“那你跟妈妈说说你该怎么做？”妈妈问亮亮。

“要注意礼貌，不说脏话。”亮亮对妈妈说，妈妈听完，高兴地点点头。

亮亮和东东之间发生冲突并且最终大打出手，主要是因为几句脏话，可见，是否养成文明礼貌的习惯直接关系到孩子的

人际关系。

也许，在孩子还小的时候，无论是老师还是父母都嘱咐孩子要文明礼貌，不能讲脏话，但是随着孩子年龄的增长，逐渐忽视了孩子的这一教育，转而把眼光都放在了孩子的学习上，而事实上，孩子是需要全面发展的，这也是素质教育的宗旨。要知道，一个满嘴脏话的人，无论是生活、工作还是学习，将无法获得他人的尊重和友好协作，也不易获得友谊和自信，因此往往缺乏幸福感。要想孩子成长为有所作为的人，父母就应教孩子从小懂礼貌、讲文明。

如果你的孩子总是说脏话，那么，你需要从以下几个方面来引导他：

1.以身作则，杜绝孩子学习脏话的来源

生活中大多数情况是这样的，大人有时也会语出不雅，但都习以为常，不会觉得有什么异常。而脏话从孩子嘴里说出来，就特别刺耳，要是他们在大庭广众之下冒出些脏话，父母更是想找个地洞钻进去，其实，家长也应该拒绝脏话，在家里建立互相监督的制度，如果父母不小心在孩子面前说了不文明的话，一定要向孩子承认错误，以加深他不能说脏话的印象。

2.分析脏话的内容，告诉孩子，说脏话是不对的

父母在听到自己的孩子说脏话时，不要显得惊慌失措，也不要气急败坏地责骂，更不能置之不理，要冷静，严肃而不凶悍，以和缓的语气和孩子说话。例如：

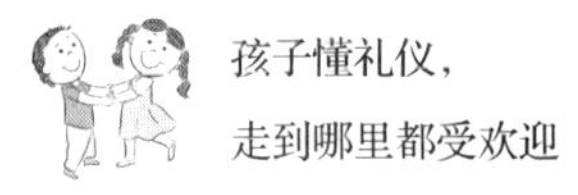

“孩子，你刚才说的那句话，用的词汇很不好，你知道我说的是哪个词汇吗？”

“这是大人说的，你是孩子，不能说这个词语，知道吗？”

“为什么不能说呢？因为你是孩子，你说了，别人会说你不会说话，说你不学好，看不起你！”

“你愿意让别人看不起吗？”

“那么，你应该怎么说？说给妈妈听。”

“对啦！这样说才是好孩子。”

家长最难做到的就是“不生气”。你生气，孩子就听不进你说的话了。而另外一些家长则喜欢和孩子说大道理，让孩子不耐烦，反而失去教育的功效。

总之，满嘴脏话是一种不良的行为习惯，是有失礼仪的表现，孩子不懂得尊重他人，在人际交往中就会产生许多摩擦，也会失去许多朋友和机会，父母在关心孩子成绩的同时，决不可忽视这一点。

让孩子恰当地称呼他人，嘴甜的孩子更讨喜

中国是一个礼仪之邦，而重要的礼仪之一就是“称呼”。称呼指的是人们在日常交往应酬之中，所采用的彼此之间的称

谓语。交际通常自称呼而始。称呼是极为重要的礼仪，不妥当的称呼很容易让他人产生反感，甚至记恨在心久久无法释怀。

生活中，我们经常看见这样一些人，不谙世事，应酬场合，与人初次见面，就直入主题："我今天来，是为了……"这句话通常令对方感到不舒服，但你若使用恰到好处的尊称："赵先生，您好，打扰您了……"，对方就比较舒服。可见，称呼有道，才会让对方听着顺耳。

而在家庭教育中，正确使用称呼是对每个孩子最起码的要求，也是人与人之间相互尊重的一种表现。作为父母，我们在对孩子进行礼仪教育中，也要告诉孩子懂得恰当地称呼他人。我们先来看下面一个故事：

古时候，有个青年人骑马赶路，眼看天近黄昏，前不着村，后不着店，心里很是着急。正好，有个老汉路过，青年人扬声喊道："老头儿，这儿离客店还有多远啊？"老汉回答："五里。"青年人跑了十几里路都没有见到客店的影子，他在暗暗骂着那老汉时，却突然醒悟：哪是"五里"呀，分明是"无礼"！老汉在责怪他不讲礼貌！于是马上掉头往回赶，见着那老汉就翻身下马，叫了声"大爷"，没等他说完，老汉就说："客店早已过了，你要不嫌弃的话，就到我家住一宿吧。"

青年人问路，直呼"老头儿"，开口不逊，老人很反感，让他白跑了十几里路；而当他醒悟有"礼"时，老人不等他再说，就留他住宿，解他一时之困。由此可见，交往中合乎礼仪的称呼的重要性。

在人际交往中，选择正确、适当的称呼，反映了自身的教养、对对方尊敬的程度，甚至还体现着双方关系发展所达到的程度和社会风尚，因此对它不能疏忽大意，随便乱用。

作为父母，我们要从以下几个方面让孩子掌握有关称呼的基本礼仪：

1.要合乎常规

常规称呼，即人们平时约定俗成的较为规范的称呼。但合乎常规的称呼，也是有一定的条件限制的。比如，在中国，就不可直呼父母或者长辈的名字；而在欧美国家，是讲究人的平等的，所以孩子直呼其父母的名字是很正常的。

家长要告诉孩子：要礼貌地称呼他人，对年长者要称爷爷奶奶、叔叔阿姨等，对同龄人中的年长者要称呼哥哥姐姐，相反则是弟弟妹妹，如果称呼弄错了，应及时向对方表示歉意并改正。

2.要照顾被称呼者的个人习惯

人和人是不一样的，有的时候人们称呼上的习惯也不一样。

3.要入乡随俗

我们在使用称呼的时候，还要考虑入乡随俗的问题。十里不同风，百里不同俗，千里不同国。倘若习俗不一样，称呼往

往大不一样。

4.要区分具体场合

在称呼的具体使用中，一定要区分场合。在不同的场合，应该采用不同的称呼。

5.不要给其他同学起绰号

朋友或同学之间可以称呼姓名或者称呼“名”，这样会显得有礼又亲切。“喂”“嘿”这样的称呼常常让人反感，更不能用绰号和外号代替称呼，这样会影响朋友感情和同学关系。

6.告诉孩子称呼他人要态度亲切

家长要在生活中根据时间、节庆、场合等，引导孩子适当选用称呼加问候的形式向父母、长辈致意。比如，早起时说：“爸爸妈妈，早上好！”新年遇到邻居时说：“叔叔阿姨，新年好！”态度要亲切诚恳，称呼时声音不要太大、太生硬。

总之，在日常生活中，家长要告诉孩子，在称呼他人时应当亲切、自然、准确、合理，不可肆意为之，大而化之。

第 06 章

尊长睦亲课——懂得尊重的孩子人缘不会差

可以说，对于任何一个成长中的孩子来说，他们从呱呱坠地开始，与家人相处的时间最长，家庭也是孩子品格塑造与素养修炼的第一场所。作为父母，不但要为孩子营造良好、有爱的家庭氛围，还要有意识地为孩子上尊长睦亲课，让孩子懂得尊重家人、爱护家人，体会父母的辛苦与付出，这样教育出来的孩子才能在日后善待他人，拥有良好的人际关系。

让孩子从小懂得客气地对待家人

生活中，不少孩子经常会说这样的话：“妈妈给我盛饭！”“奶奶，我要吃水果！”“爸爸，我渴了，给我倒水！”……这些颇具命令式的口吻在我们生活的周围并不鲜见。不少孩子在生活中就是这样命令自己的父母和家人的，而家长呢，对孩子的这种行为也习以为常，甚至不去矫正和管教。

然而，这是一种极为缺乏教养的行为，作为成人，在生活中，如果其他人这样对待我们，我们岂能接受？同理，如果我们的孩子在学校和社会中也这样与人说话，那么，他人是否也乐意接受他的命令呢？

现代社会，孩子应该学会的不仅仅是文化知识，还应该有心灵的成长，然而，不少孩子自私自利，凡是这种孩子，在家里无一不是唯一“核心”。中国父母爱孩子一直用错误的方式，实行独生子女政策更加剧了这种趋势，于是，社会上出现一种奇怪却非常普遍的现象：孩子成了家里的所谓“小皇帝”“小太阳”“独苗苗”，几代人都宠着他惯着他。在他们心中逐渐形成了自己是“家庭中心”的观念，只知有自己，不知有别人。他们以为自己的欲望都应该得到满足，无须感恩和回

报；如果不给予满足，就是家长的错；至于别人，包括最亲近的父母、老师的需要，与他无关，他无须考虑。这样的孩子是缺乏教养的，在未来社会也不可能得到他人的支持和欢迎。

其实，不少父母也发现，孩子的行为多有不妥，但他们认为，孩子还小、不懂事，也许长大了就好了，然而，“三岁看大，七岁看老”，孩子缺乏教养的行为，如果不从小纠正，将会影响他的一生，所以，如果家长不希望自己的孩子将来受到别人的排斥和厌烦，那么就请从家庭这个孩子的第一课堂做起，让孩子从小懂得客气地对待家人。只有这样，当他们成为一个社会人的时候，才会客客气气地对待周围的人，才能赢得周围人的欢迎和尊重。

晚饭的时候，小小吃完碗中的最后一口饭，将碗推给旁边的妈妈，对妈妈命令道：“再给我盛一碗去！”妈妈“接收命令”后，就去厨房盛饭，小小一句感谢的话都没说就自顾自地继续吃起来。

小小最喜欢吃的一道菜是糖醋里脊，只要桌子上有这道菜，他就立即将菜端到自己面前，一点儿不顾及家人。吃完饭，小小丢下碗筷，直接躺到沙发上看电视了。这期间，他觉得自己口渴了，就叫奶奶：“奶奶，给我倒杯水。”奶奶“接收命令”后，很快给他倒了一杯水，而小小只是伸出手来接水，眼睛根本没离开电视屏幕。

类似这样的情况，小小家每天都在上演，虽然小小的父母对于孩子的这一情况也比较担忧，但他们总在想，孩子再大一点就好了，他们甚至还觉得，孩子在学校肯定不会像在家里这么舒坦，那就赶紧趁孩子在家的时候对孩子“好”一些。

不得不说，日常生活中，像小小父母这样的家长无处不在，他们把孩子视作宝贝一样对待，对于孩子在家里自私自利、对待家人丝毫不客气的行为并不介意，但他们从未想过，假如孩子离开家庭、来到学校，也是这样命令别人，别人会怎么想呢？这样的孩子长大后怎么能得到别人的尊重？又能有什么作为？换句话说，如果一个孩子从小没能在家庭这个小环境中习得基本的待人礼仪，那么他步入社会后，是无法用礼貌、得体的方式和别人打交道的。

而培养孩子正确地对待他人，需要父母在家庭生活中让孩子礼貌客气地对待家人开始，具体从以下方面着手：

1.家长要成为孩子的榜样

模仿是幼儿阶段主要的学习方式，特别是行为习惯方面。父母有意识地为幼儿树立榜样是有效的教育方法。父母平时要尊老爱幼，热心助人，做关心他人的楷模，为孩子提供具体形象的学习榜样。例如，吃饭时为父母夹菜，经常对对方说“谢谢”“对不起”“请”等，孩子的眼睛就像录像机，父母的一言一行会深深地打动孩子的心，在孩子幼小的心灵里埋下爱的种子。

2.让孩子感受到他人的情感

家长要教会孩子理解他人，因为孩子只有学会理解，才会

设身处地地为他人着想，才会懂得客气地对家人说话。为此，家长可以采取一些措施来培养孩子的这一品质，如让孩子知道父母工作的辛苦，知道爷爷奶奶年纪大了，行动不方便等，这样，孩子自然不好意思再“指挥”家长和长辈，也让他体会到别人的感受，从而不再对别人颐指气使、毫无礼貌。

告诉孩子对待兄弟姐妹要学会谦让

分享，是指将自己喜爱的物品，美好的情感体验及劳动成果与他人共享的过程。“分享”意味着宽容的心；意味着协同能力、交往技巧与合作精神，这些都是孩子应具备的重要素质。人生在世，我们每个人都需要和别人分享。分享快乐，分担痛苦，这样不仅对自己有好处，对别人也有好处，就是现在说的“双赢”。

家长培养孩子学会分享的第一步，就是让孩子学会与自己的兄弟姐妹分享，这也是家庭礼仪的重要部分。

实际上，由于家庭教育的缺失，尤其是父母的溺爱，不少孩子自私自利，并不愿意与兄弟姐妹分享，我们通常会看到这样的情景：

平时孩子自己一个人玩玩具，但有一天，家里来了亲戚家的小孩，孩子看到自己的玩具被其他人玩，就大哭大闹，这让父母和亲戚很难堪，这就是孩子不愿意与兄弟姐妹分享的表现。孩子不愿意与人分享，主要原因有三：一是现在的孩子都是独生子女，在家庭生活时，没有需要他们伸手帮助别人的这种氛围；二是他们缺少替别人着想的意识；三是他们受教育的程度还不够，使得他们还不能真正从思想上认识到应该多替他人着想。

孩子不愿意分享，对成为一个合格的社会人是极为不利的。在现实生活中，自私、不愿意与人分享的孩子并不少见。这虽然不是什么大毛病，但如果是一个什么都不愿与他人分享，独占意识很强的人，是很难与他人形成良好的人际关系的。所以，帮孩子从小克服自私，培养他与他人分享的意识很重要。为此，父母应该帮助孩子做到下面几点：

1.分享物质

家长可以先由分享糖果、糕点、图书等物品入手。还可以利用孩子过生日的机会，邀请孩子的兄弟姐妹、父母的亲朋好友一起来分享生日蛋糕，让孩子在此过程中学会分享，体验分享的快乐。孩子有了新玩具或新图书，家长可以引导孩子把它们拿给兄弟姐妹看，与他们一起分享，让孩子懂得好东西要与家人一起分享，这样才更快乐。

父母在教孩子与人分享物质时，要根据一定的年龄：

两岁以前的孩子，一般来说是自己玩，或由大人带着玩，还不能和其他人一起玩。这个时期的孩子，如果想要兄

弟姐妹的东西，要让他学会说“请”。先让其他人配合，如果说“请”，可以给他的一般就给他。如果不可以的，就说明理由。

孩子两岁左右时，家长就可以教他分享了。教他带别人分享，要慢慢劝说，不能强迫。渐渐地培养他愿意分享的优点，让他感受到，有礼貌时别人带他分享的可能性很大，而带别人分享时可以玩得更高兴，同时可以交到好朋友。但也要告诉他，如果不愿意带别人玩，可以不分享。

2.分享快乐

对别人而言很高兴的事，你也可以感受到高兴，从而产生一种因分享而带来的快乐和满足感。

3.分享成功

也是培养孩子的大气。引导孩子从小分享他人成功，就显得尤为重要。

4.在家庭中巩固分享行为的形成

幼儿善于观察和模仿，家长的言谈举止都是幼儿观察和模仿的对象。

（1）创设环境。父母注意引导孩子从身边的小事做起。例如，把新玩具分给家中的其他孩子玩，有好吃的先分给爷爷、奶奶、爸爸、妈妈吃，让孩子渐渐养成分享的习惯。

（2）故事引导。家长可以在晚饭后，或者睡觉前讲述一些有关分享和谦让的故事或儿歌，让孩子从小懂得凡事要谦让，要把好东西与大家分享。

（3）榜样作用。父母是孩子的第一任老师，父母的日常行为、言谈举止和情感态度随时都对孩子的发展产生潜移默化的影响。所以，父母要做个有心人，平时抓住一切有利时机为孩子做好行为示范。父母必须经常检查自身的言行，为孩子做出良好的榜样。

5.实践机会

家长要经常提供孩子为兄弟姐妹服务的机会，如亲戚家的哥哥姐姐或者弟弟妹妹来了，在分配水果、糕点时，让孩子进行分配，如果孩子分配得合理，就及时表扬强化。家中如有小客人来了，可以请孩子来招待，让他把自己好玩的玩具、好看的图书拿出来与小客人分享。

6.及时鼓励表扬

父母应该采取积极的教育态度，当孩子表现出不愿分享时，家长要告诉孩子，兄弟姐妹是他的亲人，要与他们一起分享快乐，同时在平时生活小事中不忘提醒孩子分享。

总之，在家庭中，家长不能对孩子有求必应，而是让孩子在和兄弟姐妹相处的过程中，自己决定什么东西在什么时候分享，父母只能引导，不能强迫，要采用正面教育的方法。教孩子和兄弟姐妹分担痛苦，他的痛苦就会减少许多；教孩子和兄弟姐妹分担快乐，他的快乐就会成倍增长。学会了分担和分享，他的生活就会遍布阳光，这样的孩子才是内心健康，人格

健全的孩子，才能迎接未来社会的挑战！

让孩子体会父母的辛苦

有一个老师这样教育一群叛逆、离家出走的男孩：他从家中带一些鸡蛋，让这些男孩不论用什么方法，要保证鸡蛋在一天之内不碎。一开始这些男孩不以为然，一下课就把鸡蛋放在课桌中，自顾自去玩了，谁料到课桌被好动的同学撞了一下，鸡蛋就碎了；还有的就一直把鸡蛋捧在手里，但用力过猛，把鸡蛋捏碎了。失败后，孩子们都学乖了，干脆用上了保护措施：把鸡蛋放在泡沫塑料里；有的把鸡蛋放在布袋里，挂在胸前。当学生把完整的鸡蛋交给老师时，都不由自主地长吁一口气。老师趁此引导孩子："你们保护一个鸡蛋才一天，就觉得累了，爸爸妈妈保护你们长大成人，所付出的精力和耐心，就可想而知了。"

的确，父母养育孩子长大成人，倾注了太多的心血。孩子只有体会到为人父母的辛苦，才能在未来社会承担起更多的责任；只有懂得孝顺自己的父母，才能养育出孝顺自己的孩子；从更高层次看，长大以后也才能爱国爱民，尊老爱幼，这样的孩子才能获得他人的支持。

而现代社会，有多少父母在爱的名义下，不停地摧残孩子那颗脆弱的心灵，正如很多人说的“中国的父母是天下最爱孩子的父母，却是最不懂得怎样爱孩子的父母”。他们的爱只是父母对子女的单向倾斜，而不能实现爱的双向交流，那么这种爱就是畸形的爱。孩子只有把父母给他的爱转化为他对父母的爱，这样爱的种子才算在孩子的心中生根发芽，开花结果，这种人间大爱正是这样才得以传承的。

一个年仅三岁的小孩儿，在父母上班之后陪伴着瘫痪在床的奶奶。奶奶该吃饭了，他把父母做好温在锅里的饭菜慢慢端到奶奶床上；奶奶要上厕所，他把便盆送到奶奶身边……

一个上小学的女孩儿，母亲因病卧床多年。小女孩儿承担起了全部家务，每天买菜、做饭、收拾房间，为母亲擦洗身体。家里生活十分困难，使她养成了省吃俭用的习惯。在这种情况下，她每天按时到校上课，勤奋苦读，还担任班干部，成为三好学生，被评为“十佳少年”……

这些鲜活的例子无不证明对孩子孝心培养的重要，孩子只有经过生活的磨炼，才能了解生活的艰辛，才能明白父母的含辛茹苦，可以说，让孩子体会父母的辛苦，也是培养孩子良好家庭礼仪的重要前提。

那么，家长该怎样让孩子体会到父母的辛苦，从而启发孩子的孝心呢？

1.让孩子体会细小的生活片段，感知父母的艰辛

在孩子时间允许的情况下，家长要求孩子帮妈妈刷刷筷

子洗洗碗，给爸爸捶捶后背揉揉肩。亲情培养，很多时候就是一些容易被我们忽略的细节。从这方面说，笔者不赞成孩子从上幼儿园或上小学起就到离家较远的地方去上寄宿制学校，因为这不利于亲情培养。亲情，就是在一天到晚的相处中建立起来的。

2.给孩子机会，让孩子从行动上去感知

家长不妨把自己的日常工作向孩子说一下，或带孩子去上一两次班，让他知道你上班走什么路线，每天都做些什么事情，你的工作中有哪些困难；你还可以告诉孩子下一个月、下一年家里都需要买什么东西，需要花多少钱。总之，让孩子看到、体会到父母的难处，而不是只让他听父母说“我很辛苦”。

3.用亲情故事启发孩子意识到父母的辛苦，从而孝敬父母

家长一定要定期抽出些时间和孩子谈心聊天，要把自己的难处和家里的难处有选择地告诉孩子。通过谈话，可以让孩子体验亲情，启发孩子孝敬父母的意识。

让孩子从“乌鸦反哺”“羊羔跪乳”等故事和名人孝顺的事例中体会到孝顺父母是一种美德。动物尚有此本能，更何况我们人类呢？在父母为孩子作出牺牲时，要多问几个为什么。

父母是孩子的第一任老师，切记不要溺爱孩子，溺爱是孩子成长过程中的毒药。每个孩子就像一把谷种，放在温室中肯定不会长成大树，让孩子拥有孝心，他才能明白，只有互相

付出爱，一个家庭才能美满，在学校里、在社会里才能和谐相处，这样的孩子才能拥有更和谐的人际关系，才能在社会上更好地生存！

引导孩子帮助父母做家务劳动

对孩子的礼仪教育要从小开始，这一点毋庸置疑，而家庭是孩子成长的最重要场所，是孩子日常生活的出发点和归宿。因此，培养孩子的自立能力可以从家庭这一阵地入手，让孩子在学习之余承担一定的家务劳动，从而让孩子明白生活中不仅有享受，还必须负有一定的义务和责任，有助于孩子早日独立。

随着物质生活的丰裕，很多家庭培养出的是“小皇帝”“独苗苗”。以下是几个母亲的描述：

一位母亲说：“现在的孩子劳动意识真难培养，我儿子都三年级了，还是衣服脱到哪儿就扔到哪儿，更别说收拾整理了。我们像他这么大的时候都自己洗衣做饭了。”

另一位母亲说：“我也觉得对孩子进行家务劳动教育很重要，但现在的孩子功课这么紧张，玩的时间也没有，再让他承担家务劳动确实于心不忍。”

还有一位母亲说：“这种事情其实用不着这么着急，等到

孩子大起来自然就会。我小时候也什么都不会做，现在生活的担子压在身上，还不是样样都会做。所以有时间还不如让孩子多玩玩，多看点书，多学点东西。”

恐怕这是很大一部分家长对孩子是否应该做家务的顾虑，但家务劳动是每个孩子应该接受的劳动教育的一部分，是素质教育中一个极其重要的方面，家务劳动是家长帮孩子树立正确的劳动观念和培养劳动习惯的最佳方式，培养其高尚的道德意志和品质，发展其聪明才智及动手能力都有重要作用。具体说来，家务劳动对于孩子有以下作用：

第一，参与家务劳动是孩子未来生活的必要准备。

有位家长在谈到自己教育孩子的心得时说：“出于对自己成长过程的反思，我对儿子从小就比较注重独立能力的培养，要求他自己的事情自己做，按不同年龄承担一定的家务劳动。从幼儿园大班开始我们就要求他洗自己的碗，现在上学了，除了完成学习任务，家里扫地与倒垃圾两件事也由他‘承包’。当然，一开始他并不总是乐意去做这些事的，这时我们就用适当的奖励方法鼓励他坚持下去，如做一次就可得到一个五角星，积累一定数目的五角星就带他去吃一次肯德基，这样一来，他能不能得到他想要的就完全取决于他自己的行为，这种‘他律’促使他一天天坚持下去并逐渐过渡到‘自律’，认为是自己分内的事而自觉地去做，慢慢形成习惯。”

孩子将来立足于社会，就必须具备独立生活的意识和能力，而从小学习做家务，养成一定的劳动习惯，这是对于他未来生活的非常重要的准备。

第二，家务劳动是孩子在学校学不到的生活课程。

孩子在家里做一些力所能及的家务是理所当然的事，毕竟家里与学校是不同的。通过做家务可以培养孩子的自理能力和劳动习惯，这也是一种生活知识，这些知识是在学校里学不到而对一个人的成长来说又非常重要的。

第三，家务劳动让孩子体味劳动的艰辛和欢乐，培养责任感。因为让孩子参与家务劳动真是一种无声的教育良策。

基于以上原因，其实，也有很多家长认为孩子应该参与家务劳动。但为什么孩子们的客观表现又总是令人不乐观呢？原因有三：

一是在孩子小时候对劳动表现出兴趣，喜欢模仿大人的举动时，家长没有引起足够的重视并给予及时的引导，反而嫌孩子碍手碍脚而削弱了孩子的劳动热情。

二是不信任孩子的能力或怕麻烦而在无形中剥夺了孩子的练习机会。

三是小时候没有养成一定的习惯，上学后又以学习为重，在时间上很难保证这种教育的进行和习惯的坚持。因此，家长在引导孩子参加家务劳动时，必须从小引导，养成习惯。

俗话说，播种行为，收获习惯。所有的习惯都从最初的行为开始，我们对孩子的家务劳动教育也要遵循这个规律。家长

可以从以下几个方面着手：

（1）珍惜孩子最初的劳动欲望，放手让孩子去模仿去实践，提供参与练习的机会。

（2）尽可能以游戏方式加以引导，使劳动成为孩子的快乐体验，这对于年龄较小的孩子尤其重要。

（3）手把手地教给孩子一些劳动技能，光要求孩子做而不告诉他怎样做常常是没有效果的。

（4）合理安排家务劳动的时间，处理好学习、玩与劳动的关系。

让孩子积极地参与到家庭生活的方方面面，让孩子感觉到他不是家里的客人而是主人，当孩子体会到他在整个家庭里并不是可有可无的，他确实是被整个家庭所需要的时候，他就会逐步懂得爱父母，爱家人，他对家庭的责任感也会油然而生！

告诉孩子进入他人房间前要先敲门

在日常生活中，有事去敲别人的门或回家敲门，都是寻常不过的事。正因为寻常，所以敲门的礼仪就常常被人忽视，尤其是很多孩子根本没有敲门的意识。古代有一个“僧敲月下门”的典故，说明古人对于敲门也是很讲究的，现代社会，一个人懂不懂得敲门，也是其综合素养的重要体现。不管是谁进入别人房间前都要敲门，这是对别人尊重的基本表现。

作为父母，我们在孩子的礼仪教育中，也不可忽视敲门这一细节，要告诉孩子，进入他人房间前要先敲门，从细节培养孩子的全面素质。

玲玲是个很活泼的女孩，平时叽叽喳喳，有什么事都找爸爸妈妈。玲玲爸爸是名播音员，作息时间与家里其他人不同，白天休息，晚上工作。

这天，玲玲在幼儿园得了一朵大红花，很是兴奋，一路小跑回家，然后径直推开了爸爸卧室的门，兴高采烈地说："爸爸，快醒醒，快醒醒，你看，我得小红花了。"

爸爸被吵醒后，心情不是很好，但还是对女儿说："玲玲最乖了，爸爸好困，你先自己出去玩好吗？"

玲玲很不高兴地从爸爸房间走出来，正好看到妈妈从厨房出来。

妈妈说："宝贝女儿，你真棒，又得了小红花，不过，如果你能在下次进入我和爸爸卧室之前先敲个门，就会更懂礼貌哦。"

玲玲听后，说："知道了，妈妈，刚才打扰爸爸休息，我也不好意思。"

从这件事后，玲玲每次放学回来，都特别注意，尽量压低说话的声音，也不随便在爸妈房间跑进跑出了。

这里，玲玲妈妈就是个教育的有心人，孩子误闯父母卧室，她并没有责怪，而是从正面指出，鼓励孩子在这方面有更好的表现。

有位著名的教育家说过："良好习惯乃是在神经系统中存入的道德资本，这个资本不断增值，而我们在一生中就享受着它的利息。" 现代社会崇尚礼仪，敲门这种属于礼貌行为的事，更不能忽视。

那么，我们该如何引导孩子掌握这一礼仪呢？

1.让孩子了解什么是隐私

隐私，是每个人藏在心里，不愿意告诉他人的秘密。每个人都有自己的隐私，我们要告诉孩子，他们有隐私，我们父母也是。所以，孩子也应该尊重父母的隐私。

2.尊重孩子的隐私，家长进入孩子房间前也要敲门

随着孩子年龄的增长，他们的生活领域、知识、情感都逐渐丰富起来，自我意识、自尊意识也在不断增强，作为孩子所特有的一些隐私急需父母的保护。然而，一些父母在要求孩子尊重自己隐私、进入自己房间前需要敲门时，却忽视了孩子也有这一要求，他们认为孩子是自己的孩子，孩子不存在什么隐私，甚至粗暴地检查孩子房间里的东西。其实，父母要明白，每个孩子都有自尊心，尊重孩子的隐私是保护孩子自尊心的开始，也是亲子沟通的前提。

我们发现，那些对待家人彬彬有礼的孩子，肯定是在家里

很受尊重的孩子；那些蛮不讲理、行为粗野的孩子，在家里，一定得不到家人的尊重，甚至常常受到伤害。所以，如果你想把自己的孩子培养成为高素质的人，有教养的人，那么，你首先要做这样的人。要让孩子尊重你，你便应当先尊重孩子，先从尊重孩子的隐私开始。

3.让孩子掌握敲门的礼仪

那么，如何正确敲门呢？

我们要告诉孩子，一是要轻叩，重敲不仅显得鲁莽，而且对别人也不尊重。叩门时叩两三下要停顿一会儿，看有无人应声开门；不行再叩，但不要叩个不停。倘若门里无回应，可问一声："请问××在家吗？"

当然，我们还要告诫孩子，不但在家里要注重敲门礼仪，在学校亦如此，进入老师办公室或他人房间前要先敲门，经允许再进入。

第07章

家庭文明课——与家人相处也要讲文明懂礼仪

前面一章，我们已经谈及家庭礼仪是孩子学习其他礼仪的前提，要让孩子上好这一课，不但要引导孩子尊长睦亲，还需要家长从日常小事开始，培养自己的家庭文明礼仪，如告诉孩子“自己的事情自己做”，让孩子有节制地上网看电视，养成早睡早起的习惯等，循序渐进，长此以往，孩子就会变得独立且懂事，早日担当一份责任！

早上起床也要遵守礼仪

中国自古以来就是一个礼仪之邦，注重生活、工作和交际中的各项礼仪，我们的孩子也是，一个孩子，只有讲礼仪才能成为一个合格的社会人，才能赢得尊重、认可和他人的喜爱。而家庭可以说是孩子礼仪教育的起点，我们只有从孩子生活的点点滴滴，加以管束和引导，才能让孩子养成良好的生活习惯，为孩子以后的生活奠定基础。

在孩子需要掌握的众多家庭文明习惯中，就有起床礼仪。不少父母可能感到好奇，起床是最简单的事，按时叫醒孩子不就可以了。的确，这一看似最为简单的事，父母却吃尽了“苦头”，早上闹钟催了好几遍，孩子就是不起来，好不容易敲开了房门，催促他赶紧穿衣服，孩子还是赖着不愿意动，而他拖拖拉拉走出房间，面对房间里一片狼藉，你还需要帮他收拾。接下来，你又要催促他刷牙、洗脸、吃早饭，而孩子依旧行动迟缓，你气不打一处来，数落了孩子，孩子带着糟糕的心情上学去，而你自己，也因为早上琐事太多，无暇顾及自己，只好空腹赶到单位，但还是迟到了，被领导批评，你在想：孩子起个床竟然这么耗尽精力，让人精疲力竭，但是接下来，这样的日子还是在不断的重复和循环中。

人们常说“一日之计在于晨”，孩子的起床习惯不好，会影响他们一天的学习，因此，家长有必要有意识地培养孩子的起床礼仪，让孩子学会自动自发地起床。

那么，家长该如何培养孩子良好的起床礼仪呢？

1.父母以身作则，不要赖床

这一点，我们反复强调过，父母是孩子行为的最直接效仿者，父母赖床，孩子怎么可能按时起床？父母房间邋里邋遢，孩子怎么可能自动自发地收拾？

所以，父母要想培养孩子好的起床习惯，首先要看自己是否以身作则。

2.让起床变得有趣

孩子毕竟还小，一味地叮嘱他按时起床、遵守起床礼仪，孩子未必会听，但如果我们能通过一些有趣的游戏或者儿歌，让孩子开开心心地起床，这一礼仪教育将会容易得多。

比如，我们可以让孩子早上起床时唱唱这样的儿歌：“太阳公公眯眯笑，小朋友们起床早，自己动手穿衣服，洗脸刷牙别忘掉。背上我的小书包，欢欢喜喜上学校。路上不要贪玩耍，按时到校不迟到。”

3.让孩子记住一些起床礼仪

我们要告诉孩子，早上起床，要注意：按时、迅速有条理，洗漱常牢记，安静礼貌感人心。

（1）养成按时起床的习惯。一般在早上6点30分为宜，听到父母呼唤或听到闹铃响就应迅速起床。在寒冷的冬季不要留恋温暖的被窝，坚持按时锻炼自己的毅力，养成良好的起床习惯。

（2）穿衣动作要迅速、有条理。一般是先穿上衣，再穿裤子，然后穿袜子和鞋。起床后，要自觉主动地叠好被褥，及时整理好房间。

（3）自觉刷牙、洗脸、梳头。刷牙时要上下刷，注意方法要正确。漱口时不要故意发出声响。洗脸时要注意把脖子和耳朵背后也洗一洗，洗完脸后把毛巾洗净拧干，晾在通风处。

（4）每天早起后要向父母长辈说“早上好”。如果父母长辈还没起床，要轻手轻脚，切勿打扰他们。

（5）起床后锻炼身体、朗读、背诵课文或听广播、看电视新闻音量适中，以免影响家人或左邻右舍休息。

总之，家长要引导孩子记住这几条：“睡觉时，能独立，起床后，会整理，叠被子，多练习，小床铺，铺整齐。”按照这些原则来训练孩子的起床习惯，相信你的孩子一定会成为一个自动自发力强的人。

有节制地让孩子看电视

在我们的生活中，看电视是很常见的一项家居活动，对于

很多孩子来说，最吸引他们的大概就是看电视了，然而，父母都知道，如果孩子毫无节制地看电视，不但影响学习，还会影响孩子的身体健康，一个沉溺于电视的孩子怎么有精力投入到学习中呢？为此，不少父母都苦于找不到方法让孩子学会自我克制。

那么，如何让孩子有节制地看电视？这里向家长介绍的方法是：

1.父母首先要调整观念，看电视并不是一无是处

电视的宣传作用让我们的世界变小了，也变大了，孩子从电视中确实学到了不少知识，也为孩子的童年增添了不少趣味，然而，家长们似乎更担心这样一些问题：有的孩子喜欢看电视，把眼睛看坏了；有的孩子作业不想做就想看电视，久而久之，影响了学习成绩；有的家长还担心，电视中一些消极的东西，会把孩子教坏了。那么，如何指导孩子看电视呢？这恐怕得从它们对孩子的影响说起。

其实，看电视，可以培养孩子抽象逻辑思维发展，也能帮助孩子树立正确的价值观，可以激发儿童丰富的想象力。

因此，家长首先要明确，孩子看电视并不是一无是处，而是有一定的积极影响的，只是需要进行正确的引导和控制。

2.父母不加选择，放任自流要不得

有的家长对孩子看什么内容的电视，看多长时间都不关心。双职工家庭上班后家里没人，孩子放学回家就打开电视

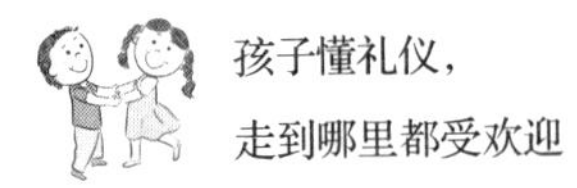

看；有的家长怕孩子在外面瞎跑，就用电视拢着孩子的心。这样，孩子长期毫无节制地看电视，结果适得其反。当孩子在学校听到某某同学讲述一个电视剧，会流露出极大的好奇心和羡慕心，他回到家也要看。有的家长怕孩子耽误功课，一味地强加限制，不允许看。孩子看不到电视，心里压抑，就和父母顶嘴，从而对学习产生厌倦或者应付的心理。

3.巧妙引导，不可强制杜绝孩子看电视

例如，你想让孩子按时上床睡觉，但他就是想看电视，此时，你可以这样对他说："宝贝，《超级飞侠》很好看，对吧？那你以后是饭前看呢，还是饭后看呢？"这样，用选择题代替是非题，那么，孩子不论作出哪个选择，都能达成共识。

再如，妈妈想让孩子关上电视，去做功课，这时与其大吼"快把电视关了，去做功课"，还不如说"乖，你是先吃饭还是先做功课"。这么一来，不论孩子作任何选择，妈妈都可达到让他离开电视机的目的。

4.让孩子积极参与制订作息时间表，并自觉遵守

据调查，不少孩子在没有父母监控的情况下，可以连续看七八个小时电视。怎么控制孩子看电视的时间呢？控制孩子看电视的时间要和全面安排孩子作息时间结合起来，要把父母控制和孩子自控结合起来。

我们来看下面这个例子：

孩子放暑假了，教一年级的杨老师叮嘱家长要合理安排孩

子的作息时间，最好制订一张时间表。假期中，杨老师进行了一次家访。

杨老师来到圆圆家。

圆圆的母亲说，一放假就给女儿制订了一张作息时间表，对于这一时间表，她认为：在保证孩子足够的学习时间的前提下，发展她的兴趣爱好，适当控制看电视的时间，每天不超过两个小时。上午头脑清醒，所以安排她做暑假作业和读课外书；下午参加游泳初级培训班——因为她体质弱，趁假期让她锻炼锻炼；从培训班回来后练琴、学书法；晚上看电视。

杨老师微笑着点点头，问圆圆："这个时间表你遵守得怎么样啊？"

圆圆红着脸说："开始还好，后来就没有遵守。"

杨老师问："为什么呢？"

圆圆说："因为上午有一个好看的动画片。"

圆圆的爸爸说："孩子要看动画片，所以上午的任务就完不成，只好挪到下午，这样原来的计划就被打乱了。"

案例中，圆圆之所以没有克制看电视，就是因为父母没有严格监督，让孩子自觉遵守。

我们可以总结出，控制孩子看电视，正确的方法应当是适时适量，选择得当。比如，每周根据电视节目表，由家长与孩子一块儿商量什么节目应当看，什么节目可不看。原则是内容合适，时间适宜，平时少看，周末和假节日多看一些。再如，家长与孩子一块儿看，随时讲解一些有关人物、情节、文学、历史背景等方面的知识，并鼓励孩子写观后感。

另外，要注意孩子看电视时的距离和姿势。在节目中每隔一段时间到户外活动活动，看一看远景。电视看完了休息一下，用热水洗洗脸再睡，平时多吃一些水果，预防电视病的发生。

引导孩子文明上网，杜绝沉溺网络

现代社会，随着信息技术的发展，互联网进入千家万户，给人们的生活带来了很大的便利，同时，对于成长中的孩子来说，也遭受了一定的毒害。事实上，现在的孩子，学会上网的年纪越来越小。上网聊天、玩游戏似乎已经成了每日必做的功课，孩子上网无可厚非，但沉迷网络，肯定不是什么好事。大部分家长对孩子上网都持否定的态度。其中担心影响学习、结交不良朋友、接触不良信息成为家长们反对孩子上网的主要原因。

孩子上网影响学习成绩，是家长们普遍的担忧。孩子长时间上网，会导致作业无法按时完成，上课质量下降，甚至会过于依赖网络，利用上网来搜索作业答案，造成独立思考能力下降。孩子的自制能力差，一旦迷上了上网，便会长时间“寄

居”在网上，将大量的时间和精力都投入到网络世界。对此，很多家长头痛不已。看到网瘾对孩子的种种毒害，不得不引起我们的忧虑：孩子沉迷于网络的原因是什么，我们应该怎么帮助他们？

小志最近迷上了一款游戏，放学后也不打球了，也不跟爸妈聊天了，一心扑在游戏上，经常到了晚饭时间，妈妈叫他吃饭也没反应。

妈妈觉得有必要与儿子好好谈谈了。

这天晚饭后，爸爸把儿子叫到身边。

“儿子啊，你这个年纪，的确爱玩，这当然没错，但是你发现没，你最近玩游戏已经有点影响学习了。”

“是吗？”

“是啊，你看，你以前十点之前就能上床睡觉，可是现在要熬到十二点才能完成作业，上次测验成绩也是大幅度下滑啊！”

“是啊，这倒是。可是，这个游戏是新出来的，很多人都在玩，我也想玩啊。”

“要不，你看这样好不，以后每天晚上你回来，饭前的时间电脑归你玩，你可以玩游戏，饭后，我就把电脑搬到我的卧室，我们父子俩分开玩，以后我们还可以交流游戏心得，这样就不会耽误你的学习了呢。另外，我觉得以后上网呢，还是尽量多以学习为主，你说呢？”

“爸爸，你真是太厉害了，好，我答应你，另外，这次期中考试你就看好吧，我一定拿个好成绩！”

相信很多父母都佩服案例中这位父亲的教育方法，面对迷上网络游戏的儿子，他并没有强行制止儿子上网，而是与儿子协商制定规则，帮助儿子克制自己的网瘾。

总的来说，我们发现，沉迷网络，对于那些贪玩的孩子来说，其实只是一个表现，网络仅是一个载体，问题的本质在于家庭是否在孩子的成长中注入了正确的成长因子。如果家长的教育出了问题，网络也好，游戏机也好，甚至体育运动、唱歌都有可能让孩子沉迷。事实上，造成孩子沉迷网络的主要原因是空虚的家庭生活，这会让孩子试图寻找其他方式来填补自己的精神世界，而沉迷网络就成了他们的首选。

为此，家长也可以借鉴和学习以下方面：

1.掌握网络知识，不做网盲

家长不懂网络，就不能正确引导孩子上网、督促孩子健康上网。应该注意发现孩子上网中碰到的问题，在上网过程中及时与其交流，一起制定有利措施。同时家长还可以在电脑上设置防火墙，防止孩子受到不良文化和信息的影响。

2.和孩子一起上网

网络的确可能会给孩子的学习带来影响，但并不是洪水猛兽，网络的作用不能全盘否定，父母可以和孩子一起上网，不仅能起到监督的作用，还能共同探讨网络中的很多问题，可谓

两全其美。

3.定规矩，合理上网

家长应心平气和地与孩子定一些彼此都接受的规则。比如，只能进入指定的几个网站；别人推荐的网站须经过家长同意才能进入；要保护自己和家庭，不能在网上留下家里的地址等信息；上网时间不应超过两小时等。

4.孩子有网瘾时，应多加监督和管理，循序渐进帮助孩子戒除

对于孩子的网瘾，父母可以巧妙运用递减法。比如，从原来每天上网6小时改为5小时，再改为4小时，逐步减到每天一两小时，慢慢恢复到正常状态。不能急于求成，想一刀下去斩草除根，要在循序渐进中收到成效。

5.引导孩子学会利用网络来为生活服务

网络为生活带来的便捷早已毋庸置疑，家长要教会孩子利用网络信息的庞大和快捷，为生活带来方便。比如，当全家出外旅游时，你可以将查路线、订酒店等任务交给孩了；当你需要某种书籍时，也可以让孩子在网上为你购买，让孩子体会到成就感的同时，还能开阔视野，培养孩子的生活自理能力。

其实，上网就像孩子上街一样，刚开始，你可以带着孩子，让其注意安全，遵守交通规则。等他熟悉了基本的路径，家长就可以松开手，看着孩子操作。只有在孩子形成了良好的上网习惯后，家长才可以轻松地站在孩子的背后！

引导孩子认识父母的钱来之不易

“可怜天下父母心”，作为父母，都希望把最好的给孩子，“为了孩子”好像成了一些家长们生活的唯一宗旨，似乎生活的意义就是为了孩子。这样的教育结果是：孩子花钱大手大脚，从不会计划开支。其实，真正为孩子好、让他早日担当起一个家的责任的最佳教育方式，就是要让孩子成为家庭的一分子，让孩子体谅父母的辛苦，体谅父母的钱来之不易，尤其是在物质消费上，一定不能心慈手软，而是坚持原则，视家庭经济状况，把好孩子的消费关。

可是，现实生活中，却有这样的场景：

小伟的妈妈下午买菜回来，就急急忙忙地拿了一袋“好东西”到小伟房里。

“小伟，你看我买了什么？我帮你买了几件新衣服喔！”妈妈说。

“我才不要咧！全都是‘撒切尔’牌（意指在菜市场买的商品）的，穿出去很丢脸耶！”小伟任性地回答。

“你怎么这么说？从小就要学节俭，免得长大后花钱大手大脚！”

案例中小伟的这种态度，生活中并不少见，这些孩子已经唯钱是亲，根本不懂父母的辛苦，他们认为金钱至上，甚至认为金钱的价值超越亲情和友情，金钱是衡量一切的标准。当

然，这与父母的教育有关。

中国的父母被称为是天底下最爱孩子的父母，他们认为一切爱孩了的最好方式就是金钱，他们给孩了大把大把的零花钱，但这在无形中让孩子形成了一种金钱依赖性，大手大脚地花钱，甚至引发一些未成年人违法犯罪的案例。据有关资料表明，在所有未成年犯罪案例中，他们犯罪前的零花钱越多，去游戏厅、网吧、歌舞厅等“青少年不宜”场所的比率就越高。这些人中因抢劫、盗窃等与钱有关的罪行锒铛入狱的占到未成年犯罪的70%以上。无疑，这些孩子之所以走上犯罪道路，在很大程度上是因为他们从小没得到良好的家庭教育，没有树立正确的金钱观。可见，在家庭教育中，让孩子养成良好的花钱习惯，是对孩子礼仪教育中不可或缺的一部分。

今日经济蓬勃发展，人们的生活水平也相对提高，但现代人的幸福指数却在下降，消费水平的确发生了很大变化，但这种变化并不意味着奢侈的开始、价值观的扭曲，从而形成一味追求金钱、享乐和挥霍无度的腐败风气。

那么，我们该如何在家庭教育中引导孩子认识到父母的钱来之不易，并让孩子克服乱花钱的习惯呢?

家长应该留心观察孩子的消费项目，然后制订具体计划，具体说来，可以从以下几点做起。

1.引导孩子正确认识钱的意义

让孩子从小懂得钱是什么，钱是怎么来的，怎样正确地对待钱财。对于年龄较小的孩子，联系实际生活进行讲解，多引用一些勤俭节约的事例，让他在启蒙阶段就逐渐形成节约用钱的习惯。对于年龄较大的孩子，要让孩子知道父母的钱是怎么赚来的，家庭经济透明化，这样孩子才会知道父母的钱来之不易。

2.父母要让孩子树立正确的金钱观

金钱能买到很多东西，但有很多东西是金钱买不来的，如爱和时间等。“一寸光阴一寸金，寸金难买寸光阴”，金钱能买到钟表，却买不到时间；金钱能买到书本，但买不到知识；金钱能买到朋友，但买不到友情……

3.不要在金钱上过于放纵孩子

也不要简单地说“这样不好，就那样”“那样不行，那么就这样”。任何事情都是不断变化的，家长要用心去揣摩孩子的内心世界。无论孩子做对还是做错了事情，都要在尊重孩子的基础上提出合理建议。

4.教育孩子珍惜物品，不浪费

让孩子了解所吃、所穿、所用的东西来之不易，都是父母用汗水和心血换来的，随意浪费是不珍惜劳动果实、不尊重劳动的表现。带领孩子一起劳动，体会劳动的艰辛，因为这样，孩子对自己创造的具有劳动价值的东西就格外珍惜。

新的时代里建立新的消费观念无可厚非，但应具科学性。让孩子了解父母的辛苦、父母挣钱来之不易，其实是对孩子的

礼仪培养，有助于孩子珍惜父母的付出，进而文明礼貌地对待父母，而培养孩子的这一品质，要从家长做起。家长从认识到行为，都要给孩子做榜样，才会带动孩子养成节约的习惯，杜绝孩子乱花钱的习惯，锻炼他的意志，让他懂得奋斗。

当然，这并不是要断绝孩子的一切消费行为，对孩子花钱上的节制，也并不等于克扣，而是酌情处理。引导孩子计划开支，合理花钱，让孩子从小懂得生活的艰辛和自食其力的重要。

鼓励孩子“自己的事情自己做”

现代社会，在不少家庭中，父母认识到了孩子的礼仪教育的重要性，也认识到要从家庭开始逐步引导孩子，但是家长为孩子包办一切的习惯并没有得到纠正，为此，孩子连生活中最基本的自理能力都没有。这些家长是这样做的：

（1）早上快要迟到了，可孩子却是慢吞吞，受不了了，赶快帮他穿衣穿鞋。

（2）看他吃饭慢吞吞的，天又冷，算了，喂他吧。

（3）孩子说要自己洗澡，就怕他洗不干净，大了再说吧，还是我帮他洗。

（4）自己生病了，本来让孩子泡个面不难，可营养不够啊，还是坚持给孩子做饭吧。

（5）上学的书包可真重，现在是长身体的时候，帮孩子拿不为过吧。

（6）画画后桌面一片狼藉，可睡觉的时间又到了，算了，我来收拾吧

（7）要出去旅行了，小家伙怎么懂收拾行李嘛，肯定是我来帮忙的。

这些现象在生活中随处可见，家长担任了孩子的“保护伞”这一职，可家长似乎没有注意到，这样会导致孩子缺乏自理能力，将来在面对、解决困难面前会表现出其缺乏自信和独立性的一面，更别说独当一面了，从另外一个方面说，这会让孩子认为家长的付出都是理所应当的，更不会善待父母和家人，因此，家长必须引起重视，对孩子进行家庭礼仪教育，就必须从小培养孩子“自己的事情自己做”的观念。

有位妈妈在谈到教育儿子的心得时说：“我们家里虽然是祖孙三代，可孩子爷爷奶奶对儿子的独立性培养很重视。只要是儿子能力范围内可以完成的事情，我们都让孩子自己做，其他人在旁边，在必要的时候给予孩子指导。突然有一天，儿子高兴地说：‘我自己会穿衣服了，你们都不用帮我了，我自己的事情自己做。’让我感到十分高兴的是，他竟然真的自己穿上了衣服，虽然穿得歪七扭八的。我不失时机地夸奖了他，他高兴得一蹦一跳的。”

和案例中这位母亲一样，要教育出对家人有礼貌、有教养的孩子，就必须让孩子学会处理自己的事，告诉他，“自己的事情自己做”。著名教育家陈鹤琴先生说：“凡是孩子自己能做的事，让他自己去做。”这不仅对培养孩子的独立性、自理能力很重要，同时也培养了孩子的责任感，使孩子能对自己的生活、行为负责。从小开始，家长就应该让孩子做一些力所能及的事情，逐步养成爱劳动的生活习惯，这对孩子的一生都意义深远。

在这点上，家长应注意以下几点：

1.父母首先要学会放手

培养孩子的自理能力，首先父母要有让孩子独立的意识，否则所有的行为都是一句空话。而所谓独立的意识，简单地说就是孩子能做的让他自己做，因为每个人的生活终将是每个人自己过，家长不能在他幼儿时剥夺他独立生活的意识。只有这样，孩子以后才能走得好，让家长放心。

从孩子学走路的那一刻起，孩子就已走上独立的征途。对父母来说，则要做到，孩子能自己走，哪怕走得歪歪扭扭，会摔跤，也要让他自己走。

2.不要扼杀孩子的自理萌芽

其实，每个孩子都有自己动手的欲望与萌芽，不同的年龄段有不同的表现，如1岁多时爱甩开大人自己走路、自己去抓饭吃、自己穿鞋子等，因为他们对这个世界充满了好奇，想通过自己双手的触摸来探索。当孩子有这样的表现时，家长要用笑脸来鼓励孩子去做。

3.培养孩子的自理能力

（1）家长要根据不同的年龄阶段，不断地教会孩子生活的本领。要正确地对待孩子在学习过程中表现出来的“笨拙”，对孩子的失败要有足够的耐心和宽容。

（2）凡是孩子力所能及的就让孩子自己去做，孩子应该管好自己的东西。家长要教给孩子一些应付意外的办法，如迷路时应向何人求援等。

（3）孩子面临不知如何处理的事情时，不要立即帮助他，应从旁观察出现困难的地方，然后鼓励他，提示他，从旁协助他自己解决，从而树立他的自信心。

4.自己的事情自己做

孩子到了两岁，已经可以做一些事情，这正是培养自理能力的好时候，而从自己身上开始做、自己能做的事情自己做，就是一个很好的方法。比如，自己喝水、自己走路、自己吃饭等。

5.父母要有足够的耐心

我们经常所见：孩子在穿衣服或鞋子时，穿了半天没穿好，妈妈冲到他面前，边数落边快速地帮孩子把鞋穿上。孩子

动作都是慢的，因为这个世界对于他们来说就是新的，家长看上去很简单的东西，对他们来说则不是，都要去学，反复练习才能做到。所以，家长要有足够的耐心。

例如，父母很赶时间，但孩子还在那儿磨蹭，解决这个问题的方法是：总结经验，把出门的时间提前一点，如打算9点出门，就从8点10分或8点钟开始准备。这样，就有足够的时间给孩子自己穿鞋穿衣了。可以给奖励的东西，但不能是物质的，最好是口头上的奖励，如摸摸他的头、冲他笑一下，或者给他一个大拇指，这样就够了。孩子从家长的表情、动作就可感知你的鼓励。每个人都是有惰性的，大人是，更不用说孩子了，关键看惰性来时怎么去引导。

总的来说，家长一定要让孩子多动手，告诉他“自己的事情自己做”，这不但有利于培养孩子自理的习惯和自立的能力，更有利于培养孩子的感恩之心，让孩子学会爱家人，当然，在孩子做事情时家长要有耐心，要容许孩子犯错误，只有这样，才能培养出一个独立、自理能力强的孩子！

第 08 章

尊师重礼课——维护师长威严留住师生情谊

中国自古以来是尊师重教的国家，而尊师是重教的前提。教师是辛勤的园丁，家长把孩子送到学校以后，老师就费尽了心思，帮助孩子获得良好的教育和知识，而孩子与教师的关系如何，不仅关系到孩子的身心健康发展，也关系到孩子的学习状况，更涉及孩子的性格形成。对此，家长要引导孩子学会尊重老师，维护老师的威严，做一个爱老师、敬老师的好学生。

告诉孩子尊敬和爱戴老师

有人说，“教师是太阳底下最光辉的职业”，这句话一点也不假，老师自踏上岗位的那一刻起，就无私地奉献着自己的青春。即便老师对学生严厉，也是希望学生学好，要问老师希望得到什么回报的话，就是希望看到学生成才、成熟，希望看到学生从自己这里学到最多的知识。

为人父母，我们知道养育孩子的艰辛，而其实，教师培育学生，也是如此。因此，我们要告诫孩子，在学校要遵守校园礼仪，要尊重和爱戴老师，这也是师生和谐相处的前提。

丹丹的物理老师姓张，是一位有三十多年教龄的老教师，她热爱自己的工作，她觉得必须对她的学生负责，否则就不配做教师。

最近，张老师发现不少男女学生之间热衷于交朋友，过生日，互赠礼物，生日卡上写了许多双关的、缠绵的话；有的传递小纸条竟不顾时间和场合，上课时间也进行。更严重的，有些女孩还和社会上的人有往来，小小年纪，刚上初二，就搞这么多名堂，这怎么得了？若放任不管，这些孩子走了下坡路，作为班主任，我对得起谁？想到这儿，张老师下决心解决这一问题。

有段时间，张老师发现班上有个女生和校外的人谈男女朋友，有一天，张老师在收发室碰到那名女生。

“你在外边交男朋友了吗？”与此同时，她用严肃的目光审视眼前这名女同学的脸色。

“没有。”女同学不安地回答。

“没有？若是我拿出证据来呢？”张老师说着，拿出拆过的信，在女同学面前晃了晃。

“私拆别人信件，这是犯法。”女同学被激怒了。

“犯法？教育学生犯法？告诉你，这信我还不交给你了，我交给你的家长，看他们说谁犯法……”

女学生在这种情况下，两眼喷火，恨不得和这位特别“负责任”的老师大吵一架。

张老师为这事儿确实操碎了心。可是，没有谁理解她。

可能很多女孩会和案例中那名女同学一样，厌恶老师对自己管教严格。其实，不管老师做什么，他的出发点都是为了学生，希望学生能成才，老师就是孩子的第二任家长。因此，当孩子还小时，家长要引导他正确理解老师的职业，告诉他，一定要尊重老师，具体来说，家长可以这样做：

1.在孩子还小时，就告诉孩子要尊敬老师

家长要告诉孩子，到了学校，要礼貌地跟老师打声招呼，老师都喜欢有礼貌的学生，另外，告诉他要用实际行动尊重老师的劳动：上课认真听讲，不破坏纪律，保质保量地完成老师留的作业。

2.告诉孩子，一定要和老师搞好关系

我们发现：一些孩子，与哪个老师关系比较融洽，就喜欢上哪门课，哪门成绩就好；如果与哪个老师关系不和谐，也会殃及那门课，这大概也是爱屋及乌的体现吧。

的确，学生的大部分时间在学校里，就免不了和老师交往，一些孩子见到老师就躲，或者顶撞老师。其实，孩子不明白的是，老师是他的恩人，不管老师喜不喜欢这个学生，他都会努力教好每个学生。

对此，家长要让孩子认识到和老师搞好关系的重要性，与老师融洽相处，他们才有学习该门课程的兴趣和动力，也才能让老师更多地指点他。

3.让孩子勤学好问，虚心求教

家长要告诉孩子，不管他喜不喜欢这个老师，都要承认，老师之所以能成为老师，必有资格教他知识，老师在年龄、学问、阅历等方面都是高于他的。

所以，家长要教导孩子向老师虚心求教。好问不仅直接使学习受益，还会增多、加深和老师的交流，无形中就缩短了与老师的距离，每个老师都喜欢肯动脑筋的学生。

4.告诉孩子犯了错误要勇于承认，及时改正

人无完人，成长中的孩子更是如此，老师都喜欢知错就改的学生，也愿意指正，而一些孩子明知自己错了，受到批评，

即使心里服气，嘴上也死不认错，与老师搞得很僵。也有一些孩子，“一着被蛇咬，十年怕井绳”，受过老师一次批评心里就特别怕那个老师，认为他对自己有成见。而这都是没必要的，家长要告诉孩子，错了就是错了，主动向老师承认，改正错误就是好学生。老师不会因为谁有一次没有完成作业，有一次违反了纪律就认为他是坏学生，就对他有成见。

总之，家长要让孩子明白，老师是他的第二任家长，一定要尊敬、爱戴老师，和老师搞好关系，因为与老师关系融洽既可以促进学习，又可以学到很多做人的道理，会使孩子一生受益无穷。

不打扰老师休息是传统的尊师礼仪

《礼记·学记》中说：“师严，然后道尊；道尊，然后民知敬学。”尊师才能重教，作为学生，这不仅是对教师的尊崇，也是对体现在教师身上的人类文明的充分肯定。

在家庭礼仪教育中，作为父母，我们也要告诫孩子要尊师，而在尊师礼仪中，重要的一项就是体贴老师，不能打扰老师休息，而这一点，自古就有“程门立雪”的先例。

北宋理学家杨时四岁入学，七岁写诗，八岁就能作赋，被人们称为神童。

有一年，他和一位学友游酢就一个问题产生了分歧，想向他的老师程颐求教。而到了那里，程颐老师靠着火炉睡着了，而为了不打扰老师休息，他们恭恭敬敬地站在门外等着。

过了很久，老师醒来看见杨时、游酢正静悄悄毕恭毕敬地侍立在外面，连忙说："你们二位有什么事？快请进来吧。"老师醒了来并请他们进去，他们才进门。此时，门外漫天大雪，地上积雪已有一尺多厚，杨时、游酢全身都白了。

从此，"程门立雪"就成为尊师重教的美谈而流传下来。

由此可见，在征得老师同意后方可进入教师居所或办公室，这也是尊师礼仪之一。

现今社会，学校的教学制度与古代不同，现在学科更加复杂，学校范围更大，老师人数也更多了。通常来说，老师都是集体办公，一间办公室内有很多老师在批改作业、静心工作，如果学生随便进进出出，不但不礼貌，还会打扰老师。

因此，学生进入老师办公室前必须先敲门，或喊"报告"，要事先征得老师同意后方能进入。

另外，老师在办公桌上放置的作业本、教科书，学生若随便乱翻，也是对老师的不尊重、不礼貌，也是对自身的思想品德不爱护的行为。所以，对老师的东西，学生不能乱翻的。

办公室是老师工作和休息的安静环境，学生在此逗留过久是不适宜的。

（1）老师工作很忙，每天要备课，要批改学生的作业，

要找学生谈心，不仅自己要学习，还要和其他老师研究教学工作。很多老师，白天时间不够用，下班后还要把一叠叠学生作业本带回家，在处理好家务之后再工作。如果学生在办公室逗留久了，就会耽误老师更多时间。由此可以看出，学生不在办公室久留，就是对老师的关心和爱护。

（2）由于工作头绪多而且繁忙，多数老师的时间安排都是有计划的，而且排得很紧。如果学生在办公室逗留久了，就会打乱老师的时间安排。

（3）现在，多数是几个老师合用一间办公室。如果学生在办公室逗留时间过久，往往会影响其他老师的工作。

作为对老师的尊重，学生在向老师告别时，应遵循以下礼仪：

（1）与老师沟通或者向老师请教问题，如果你的问题得到解决，学生应向老师表明对所问的问题已经理解，并向老师道谢。若是坐着谈的，应起立把凳子放回原处，而后向老师微微鞠躬或道声“再见”，然后离去。

若老师起立目送学生，学生应请老师坐下。若老师举步要送学生出办公室，学生应请老师留步。学生切不可事一完就自顾自跑出办公室。

（2）若是老师找学生谈心，谈心已结束，学生应向老师表示：“明白了”“理解了”或“想通了”。然后问老师：“可以走了吗？”老师同意后，方可离去。

（3）若老师所讲的问题，学生尚不理解，或还有不同看法，或问题才讲到一半，上课的预备铃已响了。在这种情况下，学生应与老师约定继续谈话的时间，然后离去。

教师节，礼轻情意重

对于很多学生来说，如果小时候贪玩成绩不好的，大部分都觉得老师好讨厌，老师检查你的作业，在你昏昏欲睡的时候，老师叫你起来回答问题。对于那些学习成绩好的学生，对老师总是充满了敬佩之情，老师为他们解答了太多他们不曾知道的知识，他们不曾明白的道理，老师对于他们来说，是一种神圣的存在。

作为父母，我们要告诉孩子懂得感恩老师的付出，老师就像是他们的第二任家长，而表达对老师的感激之情，方式有很多，其中之一就是在教师节为老师送上一份特别的礼物。

每年的九月十号是国家规定的教师节，在这一天，很多学生会自发地准备一些特别制作的礼物送给尊敬的老师们。有时候，礼物并不贵重，但是对于辛勤付出的老师来说，这也是学生们对于他辛勤教导的一份回馈。

那么，哪些礼物适合学生在教师节送出呢？

1.富有含义的书

送书给老师，既体面又富有文化韵味。而且，每个老师都用得着书，都喜欢看书。不过，送书有个诀窍，最好不要送现成的书，最好送购书卡，因为你并不知道每个老师喜欢什么类型的书，万一买错了，对老师也是一个负担。

这样的礼物挺有意义的，而且对于老师来说，又有选择的余地，或者给自己买些教学用书，或者给孩子买些故事书，或者给长辈买些保健养生的书，都是不错的选择。

2.代表着快乐与幸福的鲜花

向日葵的花语，永远都最想看到你融化心湖的笑脸。送花不只是在情侣之间，父母之间，送老师也是可以的。金黄色的向日葵，永远充满着朝气，就像是同学们那朝气蓬勃的笑脸。将这些笑脸送给老师，让他们每天都有一个好心情。

3.巧克力最讨人喜欢

送巧克力给老师也是不错的礼物。巧克力价格并不贵，小小一块，卖相很好。而且每次一吃到巧克力，老师一定会想到是曾经某某送的。嘿嘿，让人印象深刻吧。

4.送卡片最大方

多数老师都不在乎礼物的金钱价值，重要的是送礼人的心意。送一张别具一格的卡片或是孩子亲手制作的卡片，就非常有意义。

5.手工DIY相册

这一点，对于年纪稍大的学生来说最合适不过，尤其是即将毕业的学生，对于老师来说，也有多种不舍。每一届的学生对于他们来说，就像是自己亲手培养出来的孩子，即将离开家一样。所以，一本DIY的相册是留给老师的最好礼物。也许在某个夜里，老师就会翻出来，看看你们留下的欢乐的笑脸，还有歪歪斜斜写下的祝福话语。那份感动，无以言表。

遵守课堂纪律，是对老师最基本的尊重

“我这个月已经是第五次被老师请到学校了，我儿子上课要么不听讲，要么和同桌讲悄悄话，更为严重的是，一次他居然把篮球拿出来，和几个男生一起玩传球，那个新来的英语老师被气得半死。”一位父亲说。

“我真不知道您的儿子是不是有多动症，他这样总是捣乱，我没法上课，也影响了其他同学，希望你回去好好和他沟通一下。”一位老师义愤填膺地对某家长说。

“我的女儿一点也不像别的女孩那样讨人喜欢，她在班上是个不受小朋友欢迎的孩子，她简直就是班上的‘捣乱大王’：老师让小朋友们排队离开教室时，她在地板上爬来滚去地疯；小朋友们聚精会神听老师讲故事时，她推推左边的同

伴、拍拍右边的同伴，不停地捣乱；游戏的时候，月月又很霸道，她喜欢的玩具就要独占，不让其他小朋友碰……”

其实，不少老师都碰到了这些不遵守课堂纪律的孩子，只不过有的老师能“镇”得住学生，而有的老师天性温柔，难免会受一些学生的“不敬”，所以，做父母的，除了要关心孩子平时的学习成绩，还要注重培养孩子的校园礼仪，而第一点就是遵守课堂纪律。

作为父母，我们知道，学习对于任何一个孩子来说，都是最重要的事。而课堂学习是一个师生互动的过程，学生成绩的好坏很大程度上取决于课堂听讲的效果。但很多孩子，一到上课时，就由曾经上课认真听讲的好学生变成“捣蛋虫”，这不仅给老师的教学工作带来困扰，也让父母忧心忡忡。

一般来说，孩子在课堂上不注意听讲大约有三种表现：

第一，这些孩子不听讲，但都是“自己玩自己的”，也就是不会影响老师上课，也不会影响他人听课，但却在座位上做小动作，如玩文具、听音乐、看课外书等。

当然，这类孩子不听讲并不是为了让老师生气，而是因为他们根本无法听进去老师上课的内容或者根本听不懂。我们可以认为这是一种学习障碍。

第二，自己不听讲，却还影响周围其他的同学。这类同学似乎永远有说不完的新鲜事，甚至绘声绘色地为周围其他同学讲述，有的同学碍于面子或者同样有话要说，也有的同学喜欢自言自语，这就造成课堂学习中的一种噪声，既严重干扰了老师的课堂教学，又严重影响学生的学习效果。

第三，一些同学自己不听讲，还在课堂上大声喧哗，甚至随便下座位、打闹，极大破坏了老师的课堂教学及学生的课堂学习，老师经常不得不中止教学维持课堂纪律。

对于孩子的这些行为，家长要明白，这是极度缺乏教养的，必须给予干预，要知道，孩子进入学校，就要遵守学校的规章制度，这样，教师的教学工作才能进行，家长要让孩子明白，遵守课堂纪律，是对老师的最基本尊重。

那么，作为父母，我们该如何协调老师做好孩子的心理调整工作呢？

1.建议老师对孩子进行一些教育方法上的调整

一般来说，学生犯错误，老师都比较厌烦，尤其是那种屡教不改的学生，老师一般都会采取罚站、当众批评、叫家长的方式来处罚他。然而，这时期的孩子已经有了面子问题，这种方法只会加剧孩子的对抗心理，甚至产生厌学情绪。

因此，父母要建议老师寻找新的解决问题的方法，要给予孩子更多的理解与支持，与其建立良好的沟通。

另外，在教学方法上，可以建议老师让孩子多进行一些自主性学习，课堂教学正发生着“静悄悄的革命”，不论是“自主学习”“合作学习”“探究学习”，还是“洋思经验”中的先学后教，当堂训练的课堂教学模式等，都在努力探索体现新

的教学理念，而这一切又都需要老师帮助学生在课堂学习中拥有一个愉快的心境。

2.不要给予孩子过大的学习压力

作为父母，我们不要过分看重学习成绩，这对于孩子来说是一种无形的压力。很多孩子都有这样一种感受，当他们学习成绩下降时，父母常常是老账新账一起算，把孩子学习成绩下降归结到玩得太多、态度不认真等，甚至骂孩子“蠢”“笨”等，这只能导致孩子的对抗情绪。在课堂上，他们没有学习动力，逆反心理会再次使得他们不认真听讲。

总之，作为父母，我们不要认为孩子在学校，就可以放任自流，让老师管教等，任何父母都必须做孩子情感的依靠，如果你真的能做到理解孩子，让孩子产生情感认知，那么，你会发现，自己什么事情都不用做，孩子就会很有礼貌和教养。

告诉孩子反驳老师，也要注意分寸

作为家长，我们都知道，自从我们把孩子送进学校，他们接触得最为权威的人就是老师，然而，老师也是人，也会犯错，如教学错误或者误解了孩子等，而此时，如果我们的孩子不懂礼仪，顶撞老师或者嘲笑老师，都是没有素养的表现。对此，我们要告诉孩子，即使反驳老师，也要注意言辞，要注意分寸，注意礼貌。不知道怎么回答的问题，不要强答狡辩。一般来说，老师都是明理的，在发现自己的错误后，一般都会及时更正。我们先来看下面的案例：

陈先生五年前就离婚了，那时候，他的女儿小玲才八岁，转眼，女儿已经上初二了，人们都说单亲家庭的孩子难管教，陈先生现在才感受到。陈先生最担心的是小玲的学习，因为小玲严重偏科，通常来说，小玲在语文和英语这两门课上，都能考到高分甚至经常拿第一名，但数学却一窍不通，即使陈先生经常告诉小玲：“学好数理化，走遍天下都不怕。”但小玲对数学还是提不起兴趣。后来，陈先生通过了解才知道，小玲最讨厌班上的数学老师，这源于半年前数学老师对女儿的一次“管教”。

那天，陈先生下班急急忙忙回家做饭，没一会儿，女儿回来了。一进门，女儿就把书包重重地摔在桌子上，陈先生不解：“怎么了，这么大脾气？”

“没事，做你的饭吧，我不吃了。”说完，女儿又拿着书包回了房间。

晚上，无论陈先生怎么哄，女儿都不肯吃饭。

陈先生这才想起来，自那次之后，女儿好像不怎么做数学题、看数学书了，后来，陈先生找小玲的数学老师沟通过，原来事情是这样的：上课的时候，小玲觉得老师演算的一个公式不对，就站起来直接说：“你这个公式不对。”而老师反复求

证，是对的，但小玲就是不依不饶，最后老师让她坐下，她一气之下就收拾书包回家了。

很多孩子都与老师发生过不快，如被老师误解，和老师在知识点上有分歧，而作为学生，首先要尊重老师，与老师真诚沟通，便能很快消除分歧。然而，似乎不少学生，尤其是年龄较大的学生，和案例中的小玲一样，首先对老师表现出对抗，甚至大发脾气，这样是极其缺乏礼仪的表现。

那么，作为父母，对于这一问题，我们该如何解决呢?

1.告诉孩子正确对待老师的过失，委婉地向老师提意见

在有些学生心里，老师就是完人，老师不应该犯错，实际上，这种想法是不正确的，老师也是人，也会犯错，也会有失误。其实，根本不存在没有缺点的人。老师不是完美的，如果他的某个观点不正确，或误解了某个同学，甚至有的老师“架子”比较大，或是太严厉，我们要学会理解。

作为父母，我们要告诉孩子：“如果你发现老师的不足要持理解态度，向老师提意见语气要委婉，时机要适当。相信，老师会感激你的指正。如果老师冤枉了你，不要当面和老师顶撞，这样不但无助于问题的解决，还会恶化师生的关系。暂且忍一忍，等大家都心平气和再说。不管怎么说，老师是长者，做学生的应该要照顾老师的自尊心和面子。”

2.孩子出现对抗老师的不礼貌行为，家长一定要保持平静

要做到这一点，家长需要不断提醒自己：

孩子的行为并非针对个人，只是情绪化而已，因此，即使你的孩子把坏情绪带到家中，你也要给他发泄的机会，而不应该硬性压制。

避免争吵。对于情绪中的孩子，争吵只会激化矛盾。

3.对于老师对孩子的不恰当管教，家长要与老师沟通

这里的“不恰当”，一般指的是老师对学生的误解，如误认为孩子偷了东西或者片面地认为孩子打架的原因在一方。

另外，很多中学老师还沿用小学时的“保姆式”管教方式，很明显，对于一些年龄较大的孩子，很容易对老师的这种教育方法产生反感情绪。对此，家长可以和老师沟通，让老师明白孩子的行为并非故意，而是孩子的逆反心理，搞清楚事情的原委，帮助孩子和老师化解误会。

4.被老师误解和惩罚的孩子，家长要为其创造安全的家庭气氛

可能你的孩子会觉得，被老师惩罚是一件很丢人、伤心的事，此时，你要让孩子知道，家庭是一个保护他的地方、一个温暖的港湾。而创造一个安全的家庭气氛对青春期的孩子至关重要。

你可以鼓励你的孩子：“看得出来，今天你受了委屈，能跟妈妈说说吗？”这句话，会让你的孩子感受到你的关心和理解。

5.和老师取得联系，弄清事情原委

如果你的孩子只是做作业不认真或者上课开小差等，并无大碍；而如果你的孩子严重违纪或者做出一些出格的事，就需要你引起注意，要和老师联系，弄清事情原委，并密切观察孩子的举动，以防孩子走上歧途。

总之，对于成长中的孩子来说，我们要让其明白，尊重老师是一个学生最基本的素质，同时，我们也要对孩子多加关心，并帮助孩子及时疏导在学校与老师相处过程中产生的不良情绪！

第09章

互敬互爱课——同学之间以“礼”相待

作为父母，我们都知道，任何一个人都要与他人相处，对于孩子来说，除了父母，他们相处时间最长的就是同学了，每个孩子都希望被同学喜欢，能拥有一份友谊，而这需要孩子拥有较高的综合素养，懂得以“礼”相待。接下来，我们就讲讲父母该如何引导孩子与同学交往。

告诉孩子别用成绩区别对待同学

作为父母，我们都知道，我们把孩子送进学校，他们就要和同学相处，而一个孩子是否懂得与同学相处的礼仪，决定了他们在学校的人际关系，关系到孩子的学习成绩和未来的社会交往能力。然而，让孩子在学校获得好人缘的第一步是告诉孩子不要以成绩来区别对待同学。

然而，我们却看到，在班级中，尤其是在一些高年级的学生中，这种“小团体”现象并不鲜见，那些成绩好的学生聚集在一起，不屑与成绩差的学生为伍。其实，孩子这样戴着有色眼镜对待同学，是一种失礼的表现，任何人都值得被尊重，并且，学习成绩差并不代表一无是处，孩子如果能抛弃成见，对待同学一视同仁，相信对孩子的人格健全与发展也大有益处。

菲菲今年刚上五年级，开学第一天，老师就宣布要重新排座位。菲菲很想和班上的学习尖子丽丽坐在一起，而且，她们平时走得比较近，关系也不错，但丽丽已经被老师安排与另外一个同学坐在一起了，于是，菲菲降低要求，只要老师安排一个成绩好一点的、性格好一点的同桌就可以，谁知，老师竟然安排了一个调皮且成绩差的男生做同桌，原来老师的理由是，菲菲可以带动这个男孩努力学习。

“哎，原来老师对每个人都有备案呀！”菲菲长叹一口气，闷闷不乐的。

回家后，妈妈看出了菲菲的情绪，菲菲就告诉了妈妈的想法：“他成绩差，我不想跟他做同桌。”

“成绩差为什么不能做同桌呢？”妈妈问。

“因为……因为……因为没面子啊，会被周围那些尖子生笑话呢。”

妈妈很诧异地看着女儿：“学校还有这种事？成绩差会被差别对待？”

“本来就是啊，谁叫他们不努力学习呢？”

“孩子啊，你们这种做法，其实对这些成绩差的同学很不公平，每个人的智力水平不同，并不是每个人努力就能获得好成绩的，而且，他们学习成绩不好，不代表其他方面也不好，我想，那些调皮的男生在其他方面，如体育方面更好吧。你爸爸在上学时，在班上学习成绩也不好，但是你看他现在多出色，是不是？再说，假如你是那位成绩差的同学，周围的人总是对你另眼看待，总是歧视你，你又怎么想呢？”

菲菲听到妈妈这么说，沉默地低下了头。

妈妈继续引导：“所以，女儿，如果你想成为一个受人喜欢的人，首先就要学会尊重每个人，包括成绩差的同学。”

“妈妈，你说得对，我太狭隘了，谢谢你。”

案例中这位妈妈的话值得我们深思，在学校，学习成绩差的学生被同学歧视的现象早已不鲜见，甚至他们还会被贴上“笨蛋”“秀逗”等标签，对于成长期的孩子来说，这些负面评价对他们影响甚深，一些孩子变得胆小、自卑，而与之相反的一些孩子会通过叛逆、捣乱来反抗这种评价。

对此，作为家长，我们在教育孩子的过程中，要和案例中的菲菲妈妈一样告诉孩子要学会尊重每一个同学，对于成绩差的同学也要一视同仁，这是一种有素质的表现，也是丰富自身综合素养的重要方面。

对此，父母要告诉孩子这样做：

（1）不要“隔离”成绩差的同学。

（2）不要打击成绩差的同学。

（3）不奉承成绩好的同学。

（4）热心帮助成绩差的同学提升学习能力。

从以上四点，我们也看出，孩子若做到一视同仁对待同学，也能帮助孩子在未来人生中形成不卑不亢的精神品质，进而获得他人尊重，成为一个合格的社会人。

给别人起绰号是一种不礼貌的行为

为人父母，你可能还记得，学生时代，同学之间都喜欢给对方取绰号，这些绰号中有的与动物的名字相关，有的和人

的长相、外貌有关，有的还暗含人家的生理缺陷，总之五花八门，样样齐全。在平时，同学之间，不叫姓名，只叫绰号，叫起来还特别亲热。顽皮一些的男同学暗地里给女同学取绰号，故意拿她们开心，令她们害羞，可以说，在孩子中间，取绰号已经是习已为常的事了。

然而，起绰号既是一种不文明行为，也是一种不礼貌行为。其实，作为家长，我们在孩子还小的时候就告诉他们，这一行为的不合理。可有的孩子偏不这样做，很本不把它当一回事，总认为取个外号有什么大不了的。甚至还认为只有取绰号，才够朋友、够“哥们儿”呢。事实上，这种想法是不对的。作为一名学生，不管给别人取外号的用心是好是坏，都是对别人不尊重的表现。

下面是一位女生给一位心理咨询师写的信：

“我们班里的同学都喜欢给他人起绰号，私底下交流的时候也用绰号代替同学的名字。从小学到现在他们总是给我取一些诸如‘小猪’‘包公’‘公公’‘马猴’等很难听的绰号，每次同学们这样叫我，我的心里总是很不舒服，您说我该怎么办？”

从这位女生的这封信里，我们能看到起绰号在如今学校里的盛行，也能看到这些绰号对于孩子的伤害。对于成长中的孩子来说，都很关心自己在同学和朋友心中的印象，而给别人起外号是一种不礼貌的行为，是对别人的不尊重，因为尊重是互相的。子曰：“己所不欲，勿施于人。”如果不尊重他人，又怎么会得到他人的尊重呢？

作为家长，我们要告诉孩子，进入学校，就要遵守一定的言行礼仪，对待同学要以礼相待，不可随意起绰号来贬低同学。

具体来说，父母要告诉孩子：

1.学会将心比心

不少孩子认为取绰号时并没有什么恶意，只是随口叫叫而已，其实，虽然对方也不会很介意，但心里总是不舒服，我们可以这样告诉孩子，同学心里的想法：我好好的有名有姓，凭啥要给我取个绰号。如果有人叫你“小猫”“小狗”“大灰狼”，你心里高兴吗？

虽然有的绰号和姓名一样，叫起来并不感到别扭，可是大多数绰号却会影响对方的自尊心，特别是当绰号跟人的生理缺陷联系的时候，就会极大地伤害对方的自尊心。原本人家腿有点问题或眼睛有点斜视，自己已经很自卑，而你还在背后给他取个绰号，把人家的缺陷天天挂在嘴上奚落人家，如果是你，你会怎么想呢？你心里会是什么滋味？一样的道理，当事人也不希望别人这样称呼他。

当孩子能站在同学的角度思考问题，也就能将心比心，认识到自己言行的不妥了。

2.父母以身作则，不给他人取绰号

首先家长要从自己做起，保证不给别人取绰号，对方即使不介意，也不要这样做。

3.让孩子帮助其他同学纠正这一失礼的行为

好的行为习惯在学生之间是相互影响的，家长要告诉孩子，奉劝那些喜欢给别人取绰号的同学：尽早纠正这种不礼貌的做法，不然只会使同学之间的关系日益疏远。

4.孩子被起绰号，引导孩子学会“冷处理”

对于上述案例中这位女生的信，专业心理咨询人士给出了这样的回复：

“你好！我能了解你的心情，目前在中小学和大学生中就像你所说的‘同学都喜欢给他人起绰号，私底下交流的时候也用绰号代替同学的名字’的现象非常普通，他们不仅给同学起绰号，还给老师起绰号，我想作为学生的你肯定再清楚不过了。这并不是你想象的那样，学生毕竟是在玩耍中的孩子，他们有口无心，给同学乃至老师起绰号觉得好玩，所以也就把那些有趣的绰号叫得响亮起来。我觉得‘小猪’可能是说你比较可爱，‘包公’可能是你脸上长了‘青春痘’等，可能还有其他方面的原因，凡事要往好处想，同学给你起的这些绰号，也可能是受了某部影视剧中的某个人物的影响等，不要把它往坏处想，这样你的心情就会开朗起来。很多人一辈子都被人用绰号代替的，什么‘老档’‘狗崽子’‘红太阳’‘大萝卜’‘大洋马’等，老师就是这样，我曾经也和你一样郁闷，也曾和同学、和自己赌气，直到成年后才悟出了同学的‘有口无心、说着好玩以及有趣’的心理，所以也就想开了。”

“如果在你的心里放不下起绰号这件事，实在计较的话，那么你可以选择合适的时间、地点和场合，和颜悦色地对他们说：‘请你们别这样叫我了，我觉得很受伤害。’如果他们不理睬，那你只好自己调整心态，他们叫绰号的时候不予以应答，自己该干什么就干什么好了。不过不搭理他们的方法不可取，因为人是相互依存的，这样做很有可能让自己陷入孤立之中。其实我觉得还是拥有‘走自己的路，让他们去说吧！’的乐观心态去面对这一切吧！”

从这封信中，我们可以看到，绰号在孩子中间难免存在，而如何做，就体现了孩子的心胸是否宽广，我们可以告诉孩子：“把心放宽一些，大度一点，说不定还能获得更亲近一些的友谊。其实，许多事情往往是这样，你越是在意，事情会越糟。就像取绰号一样，对方给你取个绰号，本是想开个玩笑。这时你一下子显得大惊小怪，并且生气、发怒，反而会使玩笑成真，对方会感觉你很小气：你不让我叫，我偏要叫。这样或许绰号就传开了。之所以对取外绰号不要太在意，那是因为绰号并不代表什么，也不能说明什么，只不过是另外一个名字而已。”

总的来说，作为父母，我们要引导孩子正确看待给别人起

绰号的行为，让孩子明白这是一种不礼貌的行为，并让孩子学会从同学的角度思考问题，进而杜绝孩子的这一失礼表现，另外，如果我们的孩子在学校被人取绰号，我们要告诉他，最好的办法就是“冷处理”，不要太在意。

当然，对一些带侮辱性、伤害自尊心的绰号，我们还是要让孩子学会维护自己的自尊，要让其和同学论一论理，必要时请老师评理或进行教育。

孩子和同学发生冲突了，怎么引导解决

生活中，我们的孩子进入学校后，大部分时间都是在和同学相处的过程中度过的，有交往就可能有矛盾，面对与同学之间的矛盾，不少孩子固执地认为，又不是我的错，不需要道歉！孩子的这种心态其实是失礼的表现，因为如何处理人际冲突，是一个人综合素养的重要方面。而作为父母，我们在对孩子家庭教育中，一个重要教育目的就是培养孩子的礼仪，随着年龄的增长，孩子的人际交往范围逐步扩大。人际关系中的矛盾，会使他们产生“困惑”“曲解”或“冷漠”等消极心理，并导致他们产生认识偏差、情绪偏差，进而做出不适应、不理智甚至极端的行为反应。

因此，当孩子与同学发生矛盾时，家长要加强教育，指导

孩子学会处理各种人际关系中的矛盾，我们要帮助他从那种被排斥的感觉中逐渐成长，因为每一个人独特的与别人相处的方式，都是要经过一番努力才能获得的。当孩子开始有了自立、独立的能力后，有了与人交往的能力后，让他和同学一起玩，逐步提高谦让、忍耐、协作的能力。否则孩子总和父母与家人相处在一起，备受宠爱，培养不了这方面的能力，以后进入社会就不能很好地和同事相处。而教会孩子融洽地与同学相处，孩子就可以利用人际关系登上成功的宝座！

“我半年前说话伤了一个男同学。事后我很后悔，但是没有道歉。后来他对我很冷淡，现在看见我也不打招呼了，只是互相对望。我也不敢主动喊他，因为心虚。再过一个月，他就要转学走了，可能我们以后都不会再见。我不想留下遗憾，很想请他原谅我，但是隔了这么久，更加不好意思开口了。我有他的QQ、微信和电话。以前我们都是用QQ交流，但是不知道他有没有屏蔽我。我偶然可以遇见他，但是他多数和其他人在一起，说话不方便。我应该用什么方式向他道歉？我应该怎么说呢？”

其实，同学之间发生矛盾和误会，沟通很重要！只要把问题拿出来开诚布公地说，就很容易解决！如果彼此之间的问题没有那么严重，就不要拖太久，误会一旦形成如果不及时解释的话会被逐渐深化，最终将无法挽回！

所以，我们要告诉孩子，如果你真的很在乎你们之间的友

情，那么为什么不主动找对方谈谈？当然，在谈话的过程中一定要控制好自己的情绪，不要进一步激化矛盾，要相信朋友一定会感受到你的真诚的！事情只要说开了，朋友之间的矛盾和误会就自然而然地化解了！

为此，家长可以这样做：

1.引导孩子在事后反省自己

如果你的朋友中，有人对你有意见，可能是对方的问题，但如果你被大家孤立或者被众人排挤的话，你要做的就是反省自己，看看是自己哪里做得不对，试想一下，你是不是太“以自我为中心”了——凡事很少为别人着想，自己想怎样就怎样，或对朋友不怎么关心等。

2.告诉孩子要大度、宽容

我们要让孩子明白朋友之间，难免个性不同，生活习惯不同，要学会彼此尊重和包容。人都是重情谊的，你帮他，他也会帮你，互相帮助中，友谊更加深厚。在深厚友谊的基础上，彼此给对方提一些意见是很容易接受的。不是什么原则上的大错误，不要斤斤计较，多包容。

3.让孩子懂得控制自己的情绪

父母要帮助孩子学会控制自己的情绪和脾气，要告诉孩子：“当你被激怒时，或者当你觉得自己血往上涌，只想拍桌子的时候，千万要转移注意力，或者数数，或者离开那个环境，当你学会控制情绪时，你就长大了。”

4.帮助孩子正确看待每个人的长处和不足

金无足赤，人无完人。家长可以告诉孩子：“如果你发现你的同学在别人面前彬彬有礼而跟你在一起有点粗鲁，可能正说明他真的把你当朋友，不能因为谁有某个不足就讨厌他，如果这个缺点不是品质上的，不是道德问题的话，大家能够走到一起，本身就是一种缘分。”

5.让孩子帮助别人和关心别人

家长要告诉孩子：经常帮助别人的人，自己也会得到别人的帮助。例如，同学肚子疼了，给他倒点热水；同学哭了，送他一块纸巾，拍拍他的肩膀，不用说话就能把关心传递过去。这都会让你和同学的感情升温。

引导孩子进行良性竞争，不必与同学争强好胜

丹丹、妮妮和阳阳是很好的朋友，住在一个小区，上学放学也是一起，但学习成绩却不是一个“等级”，丹丹、妮妮学习成绩不怎么好，阳阳却是尖子生。所以在每年的学生表彰大会上，只有阳阳会被表彰。

这不，又到这一天了，实际上，阳阳那天是不愿意参加的，因为她觉得这样会伤害她的两个好朋友，可那天一大早，丹丹就喊上了妮妮，然后和阳阳坐在一起，阳阳心里的一块大

石头总算落地了。

阳阳好奇地问丹丹：“你不讨厌我吗？”

“我为什么要讨厌你？你是我最好的朋友啊！”

“我的意思是你，你应该讨厌我，每年这个时候我都不愿意参加，因为我拿奖的那一刻，我都会失去很多朋友。”

“你认为我是那样的人吗？我心胸宽广，那种小肚鸡肠的心理我是没有的，放心吧。你拿奖，受表彰，我应该替你高兴嘛，我朋友优秀，我心里也高兴得不得了。”

听完丹丹的话，妮妮也开玩笑说：“真正的朋友就是有福同享有难同当，你的荣誉就是我们的荣誉嘛，那今天晚上阿姨肯定给你做大餐，我有口福了。”大家都笑了。

在领奖台上，阳阳说：“感谢我的老师、爸爸妈妈，还有我最铁的几个朋友，我感谢她们的理解，我们要一起努力……”

每个人都生活在一定的人际范围内，我们的孩子也是，他们离开家庭、来到学校，就会与同学相处，而相处的过程中，难免产生竞争，尤其是学习成绩、比赛等，如果竞争失败、比赛失利，孩子很容易产生羞愧、消沉、怨恨等负面情绪，甚至做出有失教养的行为。

作为孩子的第一任老师，父母在培养孩子健康的竞争心态上起着极为重要的作用。在培养孩子竞争意识的过程中，也应让孩子明白，竞争不应是狭隘的、自私的，竞争应具有广阔的胸怀；竞争不应是阴险和狡诈，暗中算计人，而应是齐头并进，以实力超越；竞争不排除协作，没有良好的协作精神和集体信念，单枪匹马的强者是孤独的，也是不易成功的。

的确，我们的孩子都渴望得到友谊，他们慢慢会成为一个社会人，如何看待竞争，是一个孩子综合素质的表现，也关系到孩子在未来社会的人际关系。那么，家长该如何引导孩子正确看待竞争呢？

1.引导孩子反省自己，发现别人的长处

成长中的孩子，如果能以正确的心态面对比自己优秀的朋友或者同学，就会用客观的眼光看自己和对方，从而弥补自己的不足，这样，就不至于为一点小事钻牛角尖，还能交到帮助自己成长的真朋友。

2.引导孩子接纳自己，然后完善自己

家长要告诉孩子，没有人是十全十美的，也不可能一无是处。接纳自己就是指不仅看到自己的优点，还要学会用正确的眼光看待自己的不足，然后不断地完善自己。

3.引导孩子友善又和谐地与人相处

人际交往在孩子心理健康发展中占有非常重要的位置，脱离人际交往的人是不可能让自己健全成长的。通过别人的评价和帮助，孩子可以更多地接受知识和更真切地感受人与人之间的关爱，同时也可以更好地清楚自己在别人心目中的位置，及时地改正不足，这样可以形成更为完整的自我形象。

4.教育孩子在竞争中要学会宽容

现实生活中，部分在竞争中失败的孩子，往往会流露出不高兴的情绪，会对对手充满敌对情绪，从这点，也能看出这些孩子还不能用正确、积极的态度面对竞争，这就要求家长在培养孩子竞争意识的同时，还要培养孩子良好的竞争心态，要告诉孩子，在竞争中要宽容待人，让他明白竞争应该是互相接纳和包容的，而不是狭隘的、自私的。

5.教孩子在竞争中学会合作

竞争越激烈，合作意识就越重要。唯有竞争没有合作只能造成孤立，带来同学关系的紧张，给自己平添许多烦恼，对生活和学习都非常不利。

比如，你可以告诉孩子：“这次足球赛中，××队的确赢了，但你发现没，他们这个团队合作得非常好，实际上，你所在的团队每个队员都有各自的优势，但却有个致命的缺点，就是你们好像都只顾自己，这是团队赛中最忌讳的。”

总之，作为家长，培养孩子正确的竞争心理，才能让孩子展现良好的竞争风貌，才有可能获得最后竞争的胜利，取得优异的成绩，并赢得同学的尊敬。

告诉孩子要替同学保守秘密，做值得信任的人

作为父母，我们也曾经历孩提时代，在我们还是学生时，可能都有几个要好的同学，并且一起分享秘密，末了还不忘嘱托对方："千万不要告诉别人哦。"而如果同学泄露了我们的秘密，我们必定十分生气，并且认为这个同学不值得信任，从此便不再交心。的确，宣扬他人的秘密是一种有失教养的表现，心理学家认为，对于一个人来说，保守秘密的能力是他在社会中健康发展的基础礼仪和基本教养素养，所以，保守秘密也是一种礼仪。

同样，我们在对孩子的礼仪教育中，也要告诉孩子，懂得尊重他人的隐私权，这样才能培养出一个值得被同学信任的好孩子。我们先来看下面的案例：

小芳和圆圆是一对很要好的朋友，也是同学，俩人很投缘、无话不谈，甚至形影不离。

一次，当小芳经过老师办公室的时候，听见了老师和圆圆的对话。

老师问圆圆："你觉得小芳怎么样，我指的是在待人处事上，因为今年班上很多老师推荐她当班长，你们走得比较近，应该对她了解比较多吧？"

圆圆回答道："嗯，她对我挺不错的，也什么都告诉我，对了，她说她喜欢班上的一个男生，还在纠结要不要表

白呢……”

站在门外的小芳一下子崩溃了，她没想到自己平时最信任的好朋友居然随便说出了自己的秘密。

案例中，圆圆的做法伤害了小芳，小芳把她当最好的朋友，她却泄露了小芳的秘密，可想而知，小芳再也不愿意相信圆圆了。

我们每个人都有自己的隐私，而既然是隐私，是不愿意透露给他人的，既然选择了向某个人倾诉，就是把这个人当成最信任的人，目的是赢得朋友的理解与认可，让其帮助自己出点子、想办法。如果我们将这些悄悄话公诸于众，那么会引发什么后果呢？伤了朋友的心不说，可能还会引起意想不到的连锁反应，引发一系列风波，平白无故地制造出矛盾。而自己的形象也大大受损。

同样，家庭教育中，家长也要让孩子明白这一道理，要告诉他，到了学校就要与同学和睦相处，同学告诉他们秘密，就要守口如瓶，切勿将朋友的秘密到处乱说。对于这一问题，家长可以这样引导孩子：

1.让孩子认识到隐私对于一个人的重要性

孩子将同学的秘密告知他人，很多时候是觉得分享小秘密无伤大雅，其实，这是失礼的表现，也是因为孩子并未认识到隐私对于一个人的重要性，对此，家长要告诉孩子，所谓隐私，就是不愿意透露和公开的秘密，我们每个人都有自己的隐私。

家长要告诉他：“同学把秘密告诉你，即使没有叫你保密，就表明了他对你的极度信任。对此，你只有为他分忧解愁的义务，而没有把隐私张扬出去的权利。如果张扬出去，势必会失去朋友的信任，以后人家就再也不愿把自己的隐私告诉你，而你也就成为一个严重失信的人。”孩子知道“泄密”的利害，自然就有保密意识了。

2.不做是非八卦的传播者

在学校，经常有一些学生，三五成群地闲聊和八卦，谈及某个同学的隐私，对此，家长要告诉孩子，绝不做是非八卦的传播者。

3.告诉孩子，当别人打听同学隐私时，冷处理

家长要告诉孩子，当有第三个人想打听同学的隐私时，不妨置之不理，表明自己的态度，对方觉得无趣自然就不再打听了。

总的来说，对于孩子而言，同学们之间互相交往，是为了交流情感、寻找帮助和增进友谊。孩子们结交朋友的一个重要目的，也是希望自己的心里话能找到可以倾诉的对象，能找到理解自己的人，但如果你的孩子是个言而无信的人，他就会辜负同学的这种信任，因此，家长一定要告诉孩子，当面答应保守秘密，背转身来又向别的不相干的人和盘托出，这是一种极其缺乏教养的行为，这样的人，是得不到别人的信任的。

第10章

校园文明课——精神文明与文化建设同步进行

校园是我们的孩子活动时间最长的场所，孩子的校园环境如何，与孩子是否能安心学习、积极健康地成长有着密切的关系，而校园的主人就是我们的孩子。好的校园环境需要每个孩子来维护，因此，作为家长，我们要配合老师的教导，告诉孩子要遵守校园礼仪，每个家长都行动起来，才能为孩子真正营造健康文明的成长环境。

学生校园着装礼仪知多少

着装，顾名思义，是指服装的穿着，但它并不简单指穿衣戴帽，着装也讲究礼仪。着装既是一门学问，也是一门艺术。它是根据人们的年龄、身份、身材特点、审美等，再根据不同的时间、场合、目的和场地等相关因素对所穿的服装进行合理的选择、搭配和组合。我们成人参与社交，都要讲究一定的着装礼仪，而不少人认为，孩子只要穿得干净简单就好了，还需要什么着装礼仪呢，也有一些家长认为，给孩子买最好的就是正确的着装方式。其实不然，孩子走出家庭，来到学校，着装是否符合学生的礼仪要求，是孩子能否展现良好精神风貌的直接体现。

在同龄的孩子中，小虎始终是走在“时尚前沿”的那一个。

这不，才过了一个周末，周一早上，他一到学校，就“震惊”了全班同学。

“你把头发染了？”他的同桌小伟诧异地问。

“是啊，你不是看见了吗？怎样？我这色儿？”小虎还在炫耀着。

“你不怕你爸妈扒了你的皮？我们才十几岁呢。”

“大不了一顿骂，我们这个年纪不打扮，会被人认为是老土的。你看，我们学校好多初一初二的男孩都把头发染了，我们做师兄的应该带头嘛。”小虎开玩笑地说。

“可是，你今天怎么面对老师呢？万一老师要你染回去怎么办？”

“是哦，我怎么没想到呢？我爸妈的话可以不管，老师可不是好惹的。”

果不其然，第一堂课上，老师就看到了小虎的新发型，老师还当着全班同学的面批评了小虎，说他这种打扮不符合学生礼仪，让小虎很尴尬。

当天晚上，小虎就跑到理发店，恢复了头发的颜色，为这事，小虎花去了一个月的零花钱，后悔不迭。

值得家长注意的是，处于成长期的孩子都希望得到别人的关注，让自己得到充分肯定，而穿着打扮是最容易被人看出来的。当他们看到偶像明星的穿着打扮，如果跟他有相似的审美观，通常很快就会模仿，他们认为这样是很有个性，符合时代潮流的。但作为父母，我们一定要指导孩子有所选择的接受，对于外界对孩子的影响，要告诉他们学会取其精华，去其糟粕，然后为己所用。在穿着打扮上，要告诉孩子，服装无所谓好坏，只是是否合时宜、时间、地点、礼节以及年龄。父母应该在着装方面给孩子做好表率，让孩子了解什么样的才是合适的。

以下是孩子校园着装的几点原则父母可以参考。

1.着装要与学生身份相符合

作为学生，着装应与学生身份、校园的环境和氛围相符，应展现自然美和学生朝气蓬勃的精神面貌，不要追求时尚和个性，更不可穿奇装异服。

2.着装要适合学生的年龄特点

对于成长期的孩子来说，正处在身体发育的阶段，选择服装时要从身体健康的角度考虑。例如，尽量穿纯棉的衣服，衣服的领口、袖口、腰围不要过紧，不穿紧身裤、高跟鞋等，以免影响身体的正常发育。

3.学生着装注重朴素大方、整洁美观，而不应一味攀比，追求名牌

名牌服装并不能显示一个人的魅力，而干净的领口、袖口、鞋子等却能显示出一个人良好的文明素养。

4.根据不同的场合选择不同的服装

例如，平时穿着简单大方即可，而在参加升旗仪式、到烈士陵园扫墓等严肃庄重的场合，着装时应注意庄重大方，不要太随意、花哨和颜色鲜艳。

而参加国庆庆祝活动、元旦联欢晚会等活动，则可以选择活泼的着装，对于要表演的同学，更应该适度装扮，与表演相符。

再如，运动时应穿运动服和运动鞋，户外散步时，可穿得

休闲一些。

5.按要求穿衣服

很多学校都有统一的校服，这有很多好处。

（1）校服是学生的标志，是学生身份的象征，校服对同学们的思想和行为起着潜移默化的提醒、帮助和约束的作用。

（2）穿着校服有益于体现学校整齐、和谐、向上的校风、校貌，有益于培养学生的集体观念和自觉遵守校规校纪的良好习惯。

（3）穿着校服避免了学生互相攀比、追求名牌，有利于学生身心的健康成长。

6.告诉孩子几点着装禁忌

（1）要干净整齐，不能邋遢有异味。

（2）不能穿背心，更不能光膀子。

（3）不能穿拖鞋，更不能光脚。

（4）不能戴有色眼镜。

（5）衣服扣子要系好，不能敞胸露怀。

（6）不能着奇装异服，和学生的身份不符。

（7）不要染发、打耳洞，不要盲目和同学攀比、追求名牌。

总的来说，孩子在学校的穿着应该朴素大方，活泼整洁；在公共场所切不可穿奇装异服，标新立异。

学校住宿，也要讲礼仪

随着孩子年龄的增长，很多父母把孩子送进学校寄宿，对于孩子来说，进入集体生活，也就要遵守集体生活的礼仪，其中就包括住宿礼仪。

其实，对于年轻一代的孩子来说，他们基本上都是家中的独生子女，都有鲜明的个性，没有兄弟姐妹，没有品尝过与别人分享的快乐，更倾向于独立思维。他们又是知识面最广的一代，因为互联网已经把世界联系在一起。牢固的基础知识与丰富的信息造就了孩子们敢于挑战敢于负责的特性。但是，他们有自己的弱点：没有兄弟姐妹使他们少了宽容与忍让；父母的溺爱让他们变成了不会做家务的“小懒虫”；一直处于竞争中的他们更缺乏团结互助的作风。于是，不少孩子在学校的集体生活中显得不适应，而对此，家长要告诉孩子，无论如何，对待室友，只有以礼相待，才能赢得尊重，获得认可，才能让集体生活变得丰富多彩。

薇薇上高中以后，就开始住校了。晚上薇薇躺在床上，心里忽然涌起一种孤独感，眼泪不自觉地流了下来。这时候一条洗好的毛巾递了过来，一个室友正对着她笑：“擦擦脸，初次离开家门都会不习惯的，慢慢就好了。”薇薇不好意思地抽泣着说：“我没什么，就是想哭。”这时候，薇薇发现同寝的另外两个女孩子眼里也噙着泪花，估计也是想家吧。这时候那个

递毛巾的女孩说话了："好了，从现在开始我们就是一个整体了，大家有福同享有难同当。"说得大家都笑了起来。

第二天，薇薇在室友的陪同下，还配了眼镜，大家相处得其乐融融，而其他寝室的一些女孩子经常吵架，可是薇薇所在的寝室却从没有过这种行为，她们四个像亲姐妹一样。

对于住校的孩子来说，是否能和室友和睦相处，对于孩子的成长极为重要，如果与室友相处不好，会影响心情，甚至影响学习。因此，如何和室友相处，就成了孩子进入集体宿舍生活应该学习的第一课。以下是孩子需要掌握的基本住宿礼仪。

第一，注意保持宿舍整洁，按轮值的方法定期打扫宿舍，擦地板、收拾桌子等。

自觉搞好个人卫生。早上起床后，要收拾好床铺，衣服、鞋帽叠放整齐，衣服要勤换洗，不可随意乱丢。

洗漱用具、生活用品摆放整齐，不要混用舍友的物品。

食品食物不要吝啬，懂得与他人分享。

不可侵占他人财物，不能擅自拿用他人东西，借东西要经主人同意，并尽快归还。

别随意丢放书本、财物等，以免造成不必要的损失。

刮风下雨时要注意关好门窗，晚上睡前要记得关灯。

平时用电、用火要注意安全。熄灯后应立即休息，不要交头接耳，更不可点蜡烛等，以免造成火灾。

宿舍内，应讲究语言文明，不可乱叫同学绰号，不可讲粗话或下流话。

第二，在人际关系上，家长需要让孩子记住这样一些原则：

1.改变自己

要想与室友友好相处，只有改变自己，从小事做起，手脚勤快一点，提水扫地要表现积极。当然，做这些事情要表现出诚心，而且需要坚持下去，凡事多为别人着想一点，自然会改善你与室友的关系，并结交很多朋友。

2.不妨碍别人

同“时刻想着别人”这个道德高标相比，不妨碍别人应该是做人的底线，也是最容易做到的。我们不可能时刻想着别人，有时候我们自己都想不起来自己。但是不妨碍别人却是我们必须想到和做到的。当挑灯夜战时，是不是妨碍了别人的休息？夜深人静的时候，走路是否会踮起脚来？当寝室里别人的床铺都整洁干净的时候，你的衣服乱丢，影响了整个寝室的卫生环境，甚至会把班级的分数拉下来，是不是也妨碍了别人呢？

3.要学会大度、宽容

同寝室的室友，来自不同的家庭，个性不同，生活习惯不同，要学会彼此尊重和包容。人都是重情谊的，你帮他，他也会帮你，互相帮助中，友谊更加深厚。在深厚友谊的基础上，彼此给对方提一些意见是很容易接受的。不是什么原则上的大错误，不要斤斤计较，多包容。

爱护公物，人人有责

一说起爱护公物，不少父母可能认为这已经是个老生常谈的问题了，因为从我们学生时代开始，师长们就这样教育我们："爱护公物光荣，破坏公物可耻""爱护公物，人人有责"，这些口号在现在孩子的学校生活中数不胜数，但现实生活中，我们的孩子到底是怎样做的呢?

也许我们来到学校就会发现：校园里破坏公物的现象比比皆是，如学校花圃内草坪已经被踩得只剩硬邦邦的泥土了；走廊、楼梯的墙壁又增添了很多黑黑的手印；多媒体教室、阶梯教室课桌凳上有各式各样的刻画……

看到这些不文明行为，你也许会皱着眉头嘟囔一句：现在孩子素质怎么这么差，是的，这就是缺乏公德心和礼仪的表现，这些孩子不讲社会公德，不遵规守纪，肆意破坏公物，他们从来不曾意识到自己也是这些公物的"主人"，不知道公物是大家公用的物品，每个人都有爱护公物的义务。

对此，家长一定要培养孩子的主人翁意识，让孩子明白，爱护公物，人人有责，学校是他们的另一个家园，是他们学习和生活的地方。

这天，王女士正在上班，被儿子小凯的班主任一个电话叫到了学校，原来小凯和班上几个调皮的男生竟然在教室里玩起了踢球，结果球一下子砸到了玻璃，不仅一扇窗的玻璃碎了，还伤了窗户边上的同学，幸亏只是破了点皮。

对于儿子的这种行为，王女士气不打一出来，在交了赔款以后，王女士把小凯领回家，对儿子说：“小凯，如果有人砸了咱家的玻璃，你怎么想？”

“生气啊，这是我家的财产，不允许破坏。”儿子犯了错，还那么理直气壮。

“那就是嘛，学校的窗户也是大家的财产，是你们共有的财产，需要你们大家共同保护，这天气冷得很，玻璃还需要一两天才能装上，你让班上同学怎么过？”

听完妈妈这么说，儿子羞愧地低下了头，终于承认自己做错了，而这件事之后，王女士认为，是应该好好培养孩子的行为习惯了。

其实，在不少学校，都有像小凯这样的孩子，他们在学校嬉笑打闹，破坏了公物，让学校老师很头疼。而孩子的这一缺乏素养的行为，与父母的教育不无关系，孩子缺乏礼仪教育，自然不明白什么叫爱护学校公物。因此，这需要我们在平时就对孩子进行引导。

古人云：“勿以善小而不为，勿以恶小而为之。”其实爱护公物做起来也很简单，有许多爱护公物的事情只是举手之劳，但并非人人能做，长久地爱护公物更非易事。但我们一旦让孩子养成习惯，成为孩子的素质，就不是什么难事了。因此，家长要努力让孩子做到以下几点：

（1）挪动桌椅，小心翼翼；开门开窗，轻手轻脚；花草树木，切勿攀折。

（2）不要在雪白的墙壁上蹬踏留痕；不要在崭新的课桌上留下信手涂鸦；不要让扶手护栏满身是“伤”。

（3）随手关灯，节约每一度电；拧紧水龙头，节约每一滴水；捡起地上的纸屑，保持环境卫生。

尽管目前还有不少同学常常用卫生打扫工具嬉戏打闹，尽管目前我们还时常看到课间有同学拿着教具跑跑跳跳，但笔者相信我们能一起努力改变自己。

的确，作为学生，爱校是他们无可推卸的义务。用一句简单至极的话来说，就是“学校是我家，人人都爱她”，美丽和谐的校园，要孩子共同来营造。为了使校园更加美丽，每个孩子都要爱护校园里的一草一木。

当然，在学校里，也有不少学生愿意为了保护公物而出一份力。家长要鼓励孩子向他们学习，成为一个文明的学生。

让孩子遵守最基本的课堂礼仪

作为家长，我们都知道，学生是学校工作的主体，因此，学生在课堂上，在活动中，在与教师和同学相处过程中都要遵守一定的礼仪。学生礼仪是指学生应遵守课堂纪律，具有礼仪

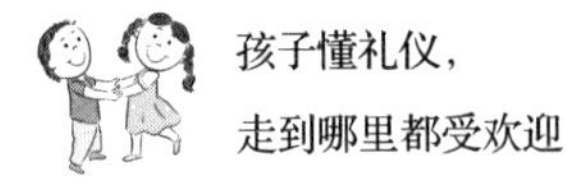

常识，是学校礼仪教育重要的一部分。这样可以促进师生或学生之间的关系，同样可以展现校园面貌。

俗话说："没有规矩，不成方圆。"任何自由都是建立在一定的约束之上的，可以说没有常规的课堂是盘散沙。因此要想使课堂开放活泼，活而不乱，就一定要先落实好课堂教学常规。

我们先来看下面的案例：

蒋先生的女儿姗姗是个大大咧咧的女孩子。这天，蒋先生被老师叫到了学校，原来女儿在学校"犯事儿"了。事情的经过是这样的：

上数学课时，上课铃已经响了，只见姗姗磨磨蹭蹭地从操场向教室走来，数学老师催了几次，她都跟没听见一样，在走廊上溜达，数学老师有点生气，直接对着外面喊："蒋姗姗，进来！"

姗姗这才入座，然而，老师已经宣布上课了，她还在和同桌交头接耳，老师真的生气了，点名批评了她，姗姗很不服气，竟然站起来问老师："这么多人都在说话，为什么就说我？"

老师更加生气了，大声说："蒋姗姗，给我出去站着！"姗姗气冲冲地冲出教室，跑回了家。

蒋先生理解孩子的情绪，于是，回家后，他并没有骂女儿，而是细心地跟她谈心，女儿终于道出了心里的委屈："我

恨死数学老师了，今后，我再也不听她的课了，在路上遇到她，我也不和她讲话！”

其实，这场师生之间的“冲突”主要是因为姗姗没有遵守上课的礼仪而引起的，如果每个学生都像她一样上课磨磨蹭蹭，上课了还不遵守课堂纪律，那么，老师就没办法上课。另外，在课堂上顶撞老师更是没教养的表现，所以，他才被老师勒令离开教室。

试想，如果她在平时就注意自己的言谈举止，遵守上课礼仪，是能避免这场“师生大战”的。

对此，作为父母，我们要告诉孩子，学生在学校以及与他人相处过程中要遵守一定的礼仪，这是一个人素质的体现。

总的来说，我们可以将课堂礼仪总结为：

1.做好上课准备

作为学生应该在预备铃响之前就进入教室，准备好课本、练习本、文具等，安静端坐，恭候老师的到来。充分做好上课准备，既为自己上好每一节课打下基础，也是尊敬学业的表现，同时还是尊重师长、尊重别人、尊重集体的表现。

2.遵守课堂纪律

遵守课堂纪律，既是尊重老师的表现，也是珍惜学业与集体的行为。上课时要遵守课堂纪律，认真听讲，做好笔记，积极发言；不私下说话，不随便走动，不开小差，不做小动作，不调皮捣蛋，扰乱课堂秩序。

3.认真回答老师的问题

在课堂上，老师提问是必不可少的教学手段，每个同学都有被老师提问的经历。那么，该怎样正确、礼貌地对待老师的提问呢?

（1）回答问题时，应先举手，经老师允许后再起立发言。老师未点到自己的名字时，不要抢先答话。

（2）起立回答时，姿势、表情要大方，不要故意做出滑稽的引人发笑的举止。说话声音要清脆，不要太小声，以免老师、同学听不清楚。

（3）当老师提出的问题恰好是自己回答不出而又被点到名时，切不可有抵触情绪和行为。这时应该勇敢地站起来，以抱歉的语调向老师解释说："老师，这个问题我不会回答，请原谅。"

（4）在其他同学回答老师提问时，不要随便插话。如别人回答错了，或者回答不出而老师继续面对大家提问时才可以举手，并在得到老师允许后，站起来回答问题。

进出校园，精神高昂

讲文明、有礼貌是一种美德，也是每个人的追求。文明礼仪要从孩子抓起，作为父母，我们不但要孩子在家庭中遵守文

明礼仪，更要让孩子在校园里也彬彬有礼、谈吐大方，而孩子校园礼仪的第一步，就是从孩子进入校园的那一刻开始。

然而，在校园内、楼梯上，总能见到与美丽校园不和谐的纸屑、食品袋，糖纸随处乱扔，甚至有同学认为，反正有值日的同学打扫，扔了又有何妨；再如，有的同学在走廊上追逐打闹，走路推推搡搡；还有部分同学讲脏话、粗话，随意攀爬树枝；甚至个别同学故意损坏学校的公物。这些举动，无不表现出文明礼貌的缺失。

“小而不为，老来何为？”作为学生，除去学习，学会做人是重要的一课。文明礼貌就是做人的前提。如果人人都能讲文明，有礼貌，我们的生活将会更加美好。

东东是个调皮的孩子，但最近这次考试成绩不错，他的爸爸李先生就给他买了一辆自行车，这可把东东给乐坏了，这是他梦寐以求的礼物，终于得到了。现在的东东每天上学放学都骑车，就连上街都骑着他的自行车。

但有一天，正上班的李先生接到东东老师的电话，说东东在学校闯祸了，让他赶紧来学校一趟。

李先生紧赶慢赶来到学校，才知道了真相。原来这天早上上学时进校门东东依然骑着车，刚好有个孩子因为课本忘带了回家取，两人在校门口走道的拐弯处撞上了，那名孩子的脸被自行车车把划伤，已经被送到医院了，而做错事的东东站在墙角，一声不吭，低着头。

李先生跟老师道了歉，然后给受伤孩子的父母打了电话，好在对方父母并没有责怪，李先生感叹：“看来我给孩子买自行车还是个错误的决定。”

老师说：“其实不是你的错，我们平时就一再强调学生进了学校一定要下车，也不要在学校内骑车嬉戏，怕的就是出现这样的事情，但是这些孩子把老师的话当成耳旁风，你看，今天出事了吧。不过，作为家长，孩子出格的行为习惯，也与你们的教育有关，孩子在家里被你们惯着，平时只顾自己高兴，而没有校园文明礼仪意识，才会做错，所以希望你回去能好好跟孩子谈谈。”

案例中老师的话是有一定道理的，孩子从进入学校的那一刻开始，就要遵守一定的文明礼仪，这样，才能保证每个孩子的校园生活健康、文明和快乐。

那么，校园礼仪细化到进出校园上，孩子应该注意哪些行为规范呢？

（1）入校门时，骑自行车的同学应主动下车，推车入校。

（2）所有同学均按学校要求佩戴好出入证，少先队员佩戴红领巾。

（3）所有同学均应整理好衣冠服饰。标准：①头发不染不烫，男同学头发长度前不齐眉，侧不齐耳，后不齐领。②衣服纽扣或拉链扣好或拉好。③不化妆，不佩戴首饰。④不留长指甲，男生不留胡子，女生不穿高跟鞋。

（4）尊重门卫和执勤师生，自觉接受他们的检查，如有失误，应虚心诚恳地接受他们的批评教育。按规定路线行走，不得在校园里追逐打闹。

（5）出校门时，要求同上，骑车同学应推车出校。

对于学生来说，文明礼仪是他们学习生活的根基，是他们健康成长的臂膀。对于父母而言，我们要配合学校老师的教学工作，不要让文明只在纸上出现，更要出现在行动中，进而逐步让孩子从小事做起，从点滴做起，帮助孩子做一个讲文明的好学生。

学生要掌握的几种集体活动礼仪

记得一位名人曾说过："德行的实现是由行为构成的，而不是文字。"我们的一言一行，无不体现着一个人的品质与修养，道德与情操。无数事例也表明，走向事业辉煌，开创成功人生的关键就是要有高尚的情操。

同样，我们的孩子也是如此，每个父母都望子成龙望女成凤，然而，让孩子成才的第一步是全面提升孩子各方面的素养，其中就包括他们在学校的行为举止，只有遵守校园礼仪、讲文明、树新风的孩子，才能展现良好的精神风貌。在孩子需要掌握的校园礼仪中，重要的一项是集体活动礼仪。

学校经常会举行各种活动，一般在操场或礼堂举行，由于参加人数众多，又是正规场合，因此要格外注意活动中的礼仪。下面总结出了孩子需要掌握的三种集体活动礼仪：

一、升旗礼仪

国旗是一个国家的象征，升降国旗是对青少年爱国主义教育的一种方式。无论中小学还是大学，都要定期举行升国旗的仪式。

集体升旗仪式一般在星期一上午或重大纪念举行。升旗是一种严肃、庄重的活动，因此，一定要从礼出发。

（1）应穿好校服，少行队员应佩戴好红领巾。

（2）升旗前，全体学生应整齐列队，面向国旗，肃立致敬。

（3）升旗集合音乐奏响后，全部学生要做到端正肃立，队列整齐，切忌嬉笑和东张西望。从事其他活动的学生要立即停止一切活动，面对国旗，用标准姿势站立，行注目礼。

（4）主持人宣布“升国旗、奏国歌”时，用标准姿势站立，脱帽、行注目礼、少先队员应行队礼。

（5）经过升旗台或路过其他地方恰遇升旗时，必须主动停下立正，向国旗敬礼，升旗结束方可行走。

二、集会礼仪

1.会前

（1）遵守时间，最好提前几分钟到达会场以保证集会准时进行。

（2）行动迅速，不懒散拖拉，不勾肩搭背，不随便谈笑，更不可高声喧哗，要展现良好的精神风貌。集合要努力做到“快、静、齐”，按指定地点就座或站立。

2.会中

（1）不随便走动和发出声响，因为这会影响报告人的情绪，也分散了在场听众的注意力，破坏会场气氛，同时也影响集体荣誉。

（2）有人上台报告、演出、领奖等，应热烈鼓掌，如台上人员有所失误，不可鼓倒掌、喝倒彩，起哄。

（3）不窃窃私语，不看书、不看报、不做其他与大会无关的事。

3.散会

（1）主持人未宣布散会，不得离开会场。

（2）宣布散会后，应按主持人要求有秩序地退场，既不混乱拥挤，又充分体现了自身的良好素养。

（3）爱护公共财物，把自己的凳子搬进教室，椅凳尽量不与建筑物或其他物品碰撞，更不能在地上拖行。

三、早操、课间操、眼保健操礼仪

（1）早操、课间操铃声响后各班迅速到教室外站好队。

（2）按班级秩序一个班一个班地下楼进场，不争抢，不喧哗；保持队伍的整齐、安静。

（3）退场时要按指定的路线有序地行走，不跑不冲。

（4）做操时动作要到位、准确、规范整齐。

（5）眼保健操音乐响起后，值日生或卫生委员到黑板前和当堂课老师一起督促同学做眼保健操。值周学生负责考评。

（6）做眼保健操要闭眼，不讲话、按节拍做。

当然，学校举行的集体活动种类还有很多，远不止以上三种，作为家长，我们在孩子参加活动前，不仅要告诉孩子活动的性质、主题，还要告诉孩子要注意的问题，让孩子在各种场合下都能彬彬有礼、不失风范。

第 11 章

餐桌礼仪课——教会孩子重视吃饭的“德行”

从中国很多古典小说中，家长一定对里面繁复的用餐礼仪记忆深刻，小小一桌席，可以说凝结了中华千百年的文化积淀。现代用餐虽然无须这些繁文缛节，但必要的礼仪还是少不了的。同样，我们在家庭教育中，也要让孩子学会用餐礼仪文化，教会孩子重视吃饭的“德行”，相信我们的孩子会成为一个用餐优雅、让人喜爱的孩子。

让孩子从小养成文雅的用餐习惯

中国人认为，餐桌是最能体现一个人素质与修养的地方，因为一个人的吃相、醉态最能“暴露”一个人的内心世界。因此，如果我们想给在座的宾朋留下好印象，就一定要注意自己的吃相，否则就会贻笑大方。因此，在家庭教育中，在孩子还小的时候，家长就要培养他们文雅的用餐习惯。

一次，林女士带着孩子还有丈夫参加公司同事的生日宴会，是一次中餐聚会。

6点，林女士一家准时赴约，客人们也都到齐了。中餐讲究的是热闹，所以餐桌中间摆了一张很大的圆盘。

菜上齐后，林女士一家便和众人一样，等待主人示意然后用餐，但主人临时接了个电话就离开了，一直没过来。这时，林女士看到，在自己座位的东北角，一个女孩子居然径直抢起圆盘就转到自己面前，夹了一个狮子头放到自己的碗中，吃完后，还不忘说一句：“真好吃！”而此时，众人的目光也都停在了她身上。她似乎没有注意到自己的失礼，继续转动着圆盘，把桌上的菜都尝了一遍，不一会儿，她眼前已经狼藉一片了，骨头、鱼刺儿、熟菜叶等到处都是。

过了一会儿，主人过来了，看着餐桌上的尴尬场景，他只

好打圆场说：“不好意思，让各位久等了，刚刚朋友有事，去处理了一下，这位吃相不雅的是我的大侄女，从小她的父母把她当男孩子养，大大咧咧的，让各位见笑了。”

虽然主人这么说，但林女士还是听到有人嘀咕：“当男孩子养，教养还是得有吧！”林女士心想，看来也要对自己的孩子进行餐桌礼仪教育了。

案例中，林女士目睹了餐桌上一个孩子失礼的行为：在众人还未动筷之前，便先转动转盘，然后将眼前弄得杯盘狼藉，很不卫生。虽然主人已经为她解围，但还是给众人留下“难忘”的印象。

中国人常说“民以食为天”，简单的“吃”中隐藏着很大的学问，吃饭过程中，一个小小的细节问题都是他人给我们打分的标准，因此，很多环节都需要注意。而在对孩子的礼仪教育中，从小培养他们良好的用餐习惯是基础和前提。

那么，家长该如何培养孩子的用餐礼仪呢？

1.戒乱吐废物

在餐桌上，遇到不宜下咽之物时，应以一只手或餐巾掩口将它轻轻吐在另一只手所拿的勺子或叉子上，然后再将其放入自己面前的食盘上，待侍者取走。不要把它吐在手上或以手去口中直接拿取。尤其是不能把它随口吐在餐桌上进行“陈列展示”或是悄然吐在地上。随口吐废物、唾液飞溅都是极其败坏他人胃口的举动。

2.戒入口食物过多

用餐时，细嚼慢咽是应有的礼仪，一次吃太多、腮帮子鼓起，不仅会吃得难受，吃相也难看。吃食物、喝饮料时，一次也不要拿太多，入口时尤其应当适量，应以不妨碍咀嚼、下咽为宜。毕竟用餐不是攻取敌人的阵地，并不讲究时不我待，所以大可不必狼吞虎咽，每次“鲸吞”过量。

3.戒“满脸开花”

在用餐过程中，吃完嘴里的食物时，如果想要和邻座的人说话，一定要先用纸巾或者餐巾将嘴擦拭干净，如果吃得顺口流汤、嘴角带渣、一脸油汗，则表现得很不雅观。

4.戒口含食物与人交谈

在餐桌上与人交谈，不要大声，也不能边吃饭边说话，嘴里有食物，说话容易口齿不清，而且还容易喷到别人身上。

原则上，吃东西，吃进去就不要吐出来，所以一次吃小口为宜，注意到了此点，遇到有人找自己说话，就可以迅速将其咽下，再去与人应酬。当然，当别人口含食物时，有教养的人也是不该找对方进行畅谈的。

的确，自古以来，中国的饮食文化驰名世界，中餐礼仪当然也声名远播。但随着时代的变迁，饮食文化正向多元化发展。作为礼仪之邦，决不能为了口腹之欲，而忽略了起码的礼貌和礼仪，这一点在家庭教育中尤为重要，并且，要让孩子学会从小养成良好的用餐习惯，这除了体现孩子的个人素养之

外，更能提升中餐的品质与内涵。

告诉孩子吃饭时做到有序入座

有人说，中国的饭局是世界上最繁文缛节的饭局。中国的饮宴礼仪号称始于周公，千百年的演进，终于形成今天大家普遍接受的一套饭局礼仪，这是古代饮食礼制的继承和发展。这套礼仪中，就包括排座次，这是相对于设置饭局而定的，合乎“情”和“礼”的座次安排，才能展现良好个人素养。

同样，在对孩子的教育中，家长也要重视孩子的用餐礼仪，因此，为了孩子能在众人面前体现出有教养、懂礼仪，家长就要从小教会他们相关的礼仪知识，以免孩子在重要场合出丑或者酿成大错。

小刘是个大学刚毕业的女孩子，什么都不懂。大学毕业后陆陆续续地也找了几个工作，但都没做多久，就辞职了。后来在朋友的介绍下，找到了一份秘书的工作。为了感谢自己的朋友，也为了感谢自己的领导，她准备在某酒店请他们吃顿饭。

这天晚上，领导和朋友如约来到了酒店包间，偌大的包间，就三个人。作为主人，小刘主动坐在了对门的位子上，当时，朋友对她使了个颜色，但她似乎没有领会。小刘就座后，领导只好坐在了朋友的旁边。于是，整个饭局上，小刘即使很想跟领导说说话，希望领导以后多关照自己，但却因为桌子太大，对方也只和自己的朋友沟通而作罢。

整场饭局下来，大家还算勉强吃了点东西，小刘原本还想请领导去唱歌，但对方已经心情不悦，称需要休息婉言拒绝了。

家长们都有这样的经历，不管是家庭聚会还是单位聚餐，入座时都会让长辈或者领导先落座，并且他们所坐的位置也是有讲究的。如果“坐”错了，就会显得晚辈或下属不懂礼貌、缺乏教养。这样的晚辈或下属是不受人喜欢的。

案例中，我们发现请客方小刘有两点做得不合适：第一，她应该把主宾客的位置让给领导；第二，对于人数较少的饭局，应该安排客人坐得相对集中一点，以免造成沟通不便的后果。

那么，家长如何引导孩子在用餐中正确地入座呢?

1.告诉孩子，入座时礼让他人，尤其是要先让长辈或客人入座

不少孩子在家庭中是“独苗苗”“小公主”，因为受到大人的宠爱而让他们目无尊长，入座时无所顾忌，哪个菜好吃就往哪儿坐，其实，这是非常失礼的行为。

家长应该告诉孩子，不管家里有多少成员，都应先让其他人，尤其是长辈入座，如果家里来了客人，更要礼让客人，最后自己再坐。

2.入座时需要注意的事项

家庭是培养孩子良好用餐礼仪的重要场所，家长平时就要注意留意和引导，在孩子用餐入座的问题上，家长要告诉孩子，千万不要用脚踢开椅子再坐下，因为这样会显得他是个很粗鲁的人。

正确的做法应该是，自己动手拉开椅子或凳子，然后坐下，对于年龄较小的孩子，椅子可能比较重，此时，家长可以帮忙。

3.注意入座后的动作

家长需要提醒孩子，落座后，要坐得端正，双腿靠拢，双脚平放在地上，不要让两腿交叠在一起；两只手也不要放在邻近座位的椅背上，或者将手搁在桌子上，也不要一只手放在桌上，另一只手放在桌下。

4.不要争抢座位

有时候家里来了客人，饭桌上可能会坐不开。对于这一情况，家长应及时告诉孩子，要主动提出坐到另外的桌子或者茶几上去，把座位让出来，千万不要争抢饭桌，那样会显得很失礼，会让客人笑话。

5.告诉孩子正式场合下的座次代表的含义不同

家长要告诉孩子，在正式场合，总的来讲，座次是“尚左尊东”“面朝大门为尊”。

若是圆桌，主位是正对大门的位置，此位置左右手边的位置，以离主客的距离来看，越靠近主客位置越尊，相同距离则左侧尊于右侧。

若为八仙桌，正对大门一侧的右位为主客，如果没有正对大门，则面东的一侧右席为首席。

如果为大宴，桌与桌之间的排列讲究首席居前居中，左边依次2、4、6席，右边为3、5、7席，根据主客身份、地位，亲疏分坐。作为主人，你应该提前到达，然后在靠门位置等待，并为来宾引座。

如果应邀出席宴请活动，应听从主人安排。如是宴会，进入宴会厅之前，先了解自己的桌次和座位方可入座。

告诉孩子筷子中的学问

中国人常说“民以食为天”，我们每个人，也包括成长中的孩子，每天都要吃，但吃饭不是一件简单的事，“吃”得好，会给他人留下良好印象，认为我们修养良好；“吃”得不好，就会认为我们不懂礼数。这里，“吃”得好不好，很多时候，和我们会不会使用餐具有极大的关系，其中最为常见的餐具就是筷子。

可能一些孩子会说，我从小就学会了用筷子，筷子谁不会用，其实，筷子中的学问很大，这需要父母详细告知，以免让

孩子失了礼仪。

一天，小伟家来了一位客人——妈妈的同事，来自美国的琼斯。

小伟的妈妈来自四川，烧得一手川菜，琼斯刚进屋，就看到圆桌中间的五花肉火锅，这道菜简直让琼斯馋得直流口水。于是，琼斯刚坐下，小伟就走过来，用一口并不流利的英语告诉琼斯，欢迎她来家里做客，然后拿起筷子给琼斯夹了一块肉。

这时，妈妈对小伟使了个眼色，可是小伟好像根本没看到，还只管为琼斯阿姨夹菜，琼斯从小生活在美国，很不习惯中国人的这种宴请方式，但又不好拒绝，只好把自己的想法告诉小伟妈妈。妈妈告诉小伟后，小伟羞得红了脸，然后开个玩笑说：“我只顾让琼斯阿姨吃饭，都忘了礼节了。”

这一案例足以说明：在筷子的使用礼节中，为表示友好、热情，彼此之间可以让菜，劝对方品尝，但不要为他人夹菜。尤其对外国客人不要反复劝菜，因为国外没有劝菜的习惯，应由其本人决定吃或不吃。

那么，孩子需要掌握哪些筷子的使用礼节呢?

1.筷子的使用礼仪

饭，人人会吃；筷子，人人会用，但如何用法，却反映了一个人的知识水平和文化修养。

使用筷子有八条忌讳：

舔筷——用舌头舔筷子。

迷筷——手拿筷子，犹豫不定，不知道自己要吃哪一道菜，筷子在餐桌四处游寻。

摩筷——互相摩擦筷尖的动作。

移筷——夹了一个菜之后，不接着吃饭，继而又去夹另外一个菜。

插筷——用筷子插菜肴来吃。

掏筷——用筷子在菜肴中拨弄，挑选自己喜欢的来吃，而不是有顺序地夹出来吃。

指筷——用筷尖指人的动作。

剔筷——用筷子尖替代牙签剔牙。

2.尽量不要为他人夹菜

家长要告诉孩子，在用餐时，爱吃什么与想吃多少，讲究的是大家自己照顾自己。主人只要在口头上对来宾相劝即可，千万不要热情过了头、越俎代庖，动不动就下手替别人夹菜，以免有强迫服务之嫌。那样做不仅会让人勉为其难，还会造成餐具使用上的不卫生。

3.必要时可使用公筷

家长要告诉孩子：

为客人夹菜本是一种传统礼仪，但是一定要注意方式方法，不要用自己的筷子给客人夹菜，而应使用公筷。

公筷，顾名思义，就是公用筷子，也就是大家用来夹菜的

筷子，是从卫生角度设计的，既然是大家使用的，就不能放进嘴里，私筷是大家各自的筷子。

一般来说，一个餐桌上只有一把公筷，不过也有一些场合，每人配一双。为了方便夹菜，有时每人配一双。

一些人认为，使用公筷，其实是防止他人传染疾病给自己，如乙肝，但其实是误区，使用公筷，最大的作用，是防止可能的疾病由自己传染给他人。比如，一群亲戚吃饭，其中有一人患有乙肝，那么，并非每人都要用，才能切断传染，而是只要乙肝患者使用，即可切断传染。所以，使用公筷，并不是防范他人的表现，而是保护他人的表现。

对于使用公筷的现代意义，除了健康和卫生，更重要的是一种礼仪。

另外，主人可为身边的客人夹菜。夹菜应使用公勺或公筷。夹菜时要照顾到客人的饮食偏好，如果客人不喜欢或者已经吃饱，切勿为客人夹送。

从以上几个方面，我们可以看出，筷子的使用并不简单，这一点，家长可以在生活中慢慢引导孩子了解和学习，让孩子熟练地使用筷子，是孩子作为中国人必须学习的礼仪。

刀叉使用的礼仪其实不简单

西餐桌上的餐具很多，吃每一样东西都要用特定的餐具，不能替代或混用。但提到西餐，就离不开刀叉。家长要告诉孩子，学习刀叉的使用是学习西餐礼仪的开始。看似简单的刀叉，使用起来并不简单。

园园是个大大咧咧的女孩子。她的这种性格，有时候，为她赢来了很多人的喜爱，但有时候也导致自己出尽洋相。

有一次，妈妈带她去一位外国教授家吃饭，为了欢迎她们，对方做了很美味的意大利面。看到这种面条，园园感叹道："布朗教授，您也会做面条？给我尝尝。"于是，她直接跑到厨房，拿来一双筷子，看到这一幕，妈妈和布朗教授差点笑弯了腰。

"你这个笨丫头，幸亏布朗教授不是外人，不然你就糗大了，十几岁了，居然连意大利面要用叉吃都不知道，回去你真得好好学习一下西餐礼仪了。"妈妈对园园说道。说完以后，园园的脸"唰"地一下红了。

案例中，园园正是因为对西餐餐具的使用不熟悉，导致闹出了笑话。

可见，为了避免这类尴尬局面的出现，作为父母，我们要在生活中让孩子学习一些西餐礼仪，其中最重要和最基本的就是刀叉的使用。

1.刀

吃西餐时，最正确的拿刀姿势是：手握住刀柄，拇指按住柄侧，食指则压在柄背上。切勿把食指放到刀背上，因为，除了用大力才能切断的菜肴，或刀太钝之外，食指都不能放到刀背上。

另外，在拿刀时，不要伸直或者翘起小指，一些人以为这样很优雅，其实是失礼的表现。

西餐中的刀是拿来切割食物的，不可直接用刀将食物送进嘴里，记住：右手拿刀。

在一些西餐桌上，会有三种不同规格的刀，这些刀的使用方法分别是：

（1）有锯齿的刀用来切割肉质食品。

（2）大小中等的刀用来将蔬菜切成小片。

（3）圆头刀尖的、小巧的、顶部有些上翘的小刀，则是用来切开小面包，然后用它挑些果酱、奶油涂在面包上面。

切割食物时要双肘下沉，不要将手肘离开桌子，这样的吃相不雅，而且，一不小心，食物还有可能飞出去。

2.叉

叉子的拿法有背侧朝上及内侧朝上两种，要视情况而定。

背侧朝上的拿法和刀子一样，以食指压住柄背，其余四指握柄，食指尖端大致在柄的根部，若太往前，外观不好看，太往后，使不上力，硬的食物就不容易叉进去。叉子内侧朝上

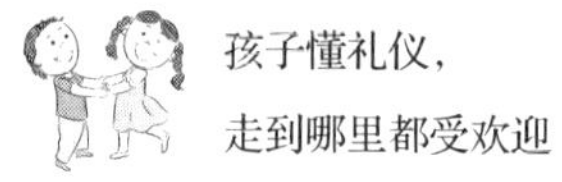

时，则如铅笔拿法，以拇指、食指按柄上，其余三指支撑柄下方；拇指和食指要按在柄的中央位置，如果太向前，会显得笨手笨脚。

左手拿叉，叉齿朝下，叉起食物往嘴里送，如果吃面条类软质食品或豌豆叉齿可朝上。动作要轻，捡起适量食物一次性放入口中，不要拖拖拉拉一大块，咬一口再放下，这样很不雅。叉子叉起食物送入嘴时，牙齿只需碰到食物，不要咬叉，也不要让刀叉在牙齿上或盘中发出声响。吃体积较大的蔬菜时，可用刀叉来折叠、分切。较软的食物可放在叉子平面上，用刀子整理一下。

3.勺

在正式场合下，勺有多种，小的是用于喝咖啡和吃点心的；扁平的用于涂黄油和分食蛋糕；比较大的，用来喝汤或盛碎小食物；最大的是公用的用于分食汤，常见于自助餐。汤匙和点心匙除了喝汤、吃甜品外，绝不能直接舀取其他主食和菜品；不可以将餐匙插入菜肴当中，更不能让其直立于甜品、汤或咖啡等饮料中。进餐时不可将整个餐匙全部放入口中。

一般来说，吃西餐的过程中，餐厅的服务员都是经过专业训练的，所以会根据你所点的西餐上所需要的餐具，然后撤掉不需要的部分，我们需要记住的是，喝汤用汤匙，吃扒时用刀叉，左手持叉，右手持刀（法、英式吃扒切一块吃一块，美式吃扒可一块块切好了再吃）。

刀叉的拿法是轻握尾端，食指按在柄上。汤匙则用握笔的方式拿即可。如果感觉不顺手，可以换个手，但切忌频繁更换。若有两把以上，应由最外面的一把依次向内取用。吃意粉用叉卷着吃。吃饭用饭匙，吃餐包用牛油刀抹上牛油吃。

在吃餐包、三文治、薯条及带骨的食物（如鸡腿、蒜香骨等）时就无须使用餐具，可直接用手持起食用。

如果孩子能掌握以上几点要领，他大致就能掌握刀叉等基本西餐餐具的使用方法了！

告诉孩子用餐中要注意的细节

人们常说，“细节出真知”，有时候，我们一不小心，就会将日常生活中的某些不良生活习惯带到餐桌上，造成某些礼仪失误。这一点，对于成长中的孩子来说更常见，因此，家长在培养孩子良好用餐习惯的同时，一定要告诉他把握细节，不能失了礼。

杰克是个好动的年轻人，大大咧咧，生活中也不怎么注意自己的行为习惯。

有一天，他和朋友一起出席公司某同事孩子的周岁生日宴，这位同事基本上请的都是一些朋友和亲戚。自打杰克进门后，大家就开始注意了这个年轻人，似乎他的手脚就没消停过。入座后，他居然跷起了二郎腿，用双手托着下巴，不断地抖自己的双脚，但粗心大意的杰克并没有注意到众人的目光已经停留在了自己身上。

男主人是杰克的铁哥们儿，看到杰克在众人面前出丑，就故意旁敲侧击，对坐在他旁边的另外一位同事说：“老张啊，最近一段时间以来，我也不知道怎么回事，这孩子太好动了，我怕孩子得了多动症，那就麻烦了啊。你说要不要带到医院看看？”男主人在说这句话的时候，对坐在他对面的杰克使了个眼色。杰克是个聪明人，一下子就明白了男主人的个中含义。于是，杰克立马停下自己的小动作，安安稳稳坐好。

事后，杰克感激地对男主人说：“王哥，今儿真是谢谢你，要不，我这丑可就出大了。”

“没事，这只不过是私人宴会，没多大关系，但如果下次参加一些正式宴会，你最好还是多注意一下，这些小动作看似不起眼，却体现了一个人的素养啊！”对方意味深长地说道。杰克听完后，点了点头。

案例中，年轻人杰克生性好动，并把这一不好的行为习惯带到了有其他人出席的宴会上，要不是男主人及时提醒，估计他会成为全场的笑柄。

从案例中我们可以看出，用餐中的小细节对于用餐礼仪的重要性，那么，作为家长，我们该如何告诫孩子，让其避免细节上的失误呢？

1.注意坐姿

中国人常说，“坐有坐相，站有站相”。如何摆正自己的坐姿，是礼仪文化的一部分。家长要告诉孩子，参加宴席就座时，身体要端正，手肘不要放在桌面上，不可跷足，与餐桌的距离以便于使用餐具为佳。餐台上已摆好的餐具不要随意摆弄。将餐巾对折轻轻放在膝上。相反，如果你好动，好抖，那么，一定不要把这些不好的行为习惯带到餐桌上，否则很可能会让你洋相尽出，甚至坏了大事。

2.坐稳后就不可小动作频出

一些孩子参加宴席，刚开始还羞怯或者忸怩，但随着和周围人的熟识，便开始小动作频出，如吃到开心时，往往喜欢脱去外衣、撸起袖子、敞开领口、挽起裤管、脱下鞋，以便减少束缚、通风透气。这种“土匪下山”式做法都有损于自我形象，其中的个别做法还会失敬于人。

3.告诉孩子不要用手当众整理发型

家长要告诉孩子，整理发型，应于餐前或餐后在化妆间、休息厅或洗手间内进行。让这一过程当众曝光，会让人觉得浅薄，还妨碍他人。另外，当自己整理发型时，倘若发屑飞扬、发丝乱舞，则会令人极度反感。

4.不要随便使用餐桌上的牙签

餐桌上虽然备有牙签，但不一定非用不可。即使要用，也不宜当众“公演”整个过程。咧开嘴在其中捅来捅去，甚至以筷子或手指替代牙签放入嘴里连抠带扒，都是令人作呕的做法。如果需要剔牙，应以一只手或餐巾挡在嘴前作为屏障遮挡。对剔出来的东西应当悄悄处理，切不可当众“观赏”，甚至再次入口，或是随手一弹。牙签用毕即应立即取出，不要对其“恋恋不舍”，长时间将它噙在嘴里。

5．不要在餐桌上做某些不雅的小动作

比如，擤鼻涕或打嗝。如果打喷嚏或咳嗽，应向周围的人说对不起，咀嚼食物时一定要闭着嘴巴，切勿发出响声。喝汤时要用汤匙一勺一勺地舀汤进口中，而不能用嘴唇去啜汤，呼呼作响。如果汤太烫，可以轻轻吹一下或等它凉了以后再喝。嘴里含有食物的时候不能向别人问话，要讲话必须先把嘴里的食物吞下去再说。如果吃一口菜觉得太烫难以下咽，就赶紧喝一口凉水，而不能把食物往外吐。骨头或肉渣之类，应当吐在手中再放在菜盘边，不要直接吐到菜盘上或桌布上。用过的金属餐具都必须放在菜盘上，而不能放在桌布上。

参考文献

[1]宋华.懂礼仪的孩子，走到哪里都受欢迎[M].北京：中华工商联合出版社，2016.

[2]蒋佩蓉.佩蓉教孩子学礼仪[M].北京：台海出版社，2017.

[3]郭芳茹.孩子学礼仪的第一本书[M].北京：中国华侨出版公司，2012.

[4]黄占英.好妈妈早让孩子知道的50个礼仪[M].海拉尔：内蒙文化，2012.